栗原 隆 著
KURIHARA Takashi

現代を生きてゆくための倫理学

ナカニシヤ出版

まえがき

倫理学は、この三十年ほどで学問の内容が大きく変貌した。歴史上において現われた倫理思想や倫理問題を研究するという、古典研究のようなそれまでのスタイルから大きく変わり、生命倫理、環境倫理、さらには情報倫理というように、先端的な技術が著しく進歩した今日の私たちが直面している問題、すなわち従来の倫理観では対処できない問題を取り扱う応用倫理学が中心になってきたのである。今では、技術倫理、工学倫理、企業倫理、ビジネス・エシックス、看護倫理、医療倫理、放送倫理など、いろんな仕事の根底に、それぞれの倫理を構築する必要さえ広く認識されてきている。

かつてなら、それぞれの分野での仕事に対する責任感は、プロ意識や職人気質として機能していた。しかし、今日ではピラミッド的な職制や組織の拡大、あるいは大量に処理を行なう大規模なシステムの中で、一人ひとりが、全体を把握することのないまま、個別的な分担を強いられることによって、全体への責任意識が希薄になってしまったその跡を埋めるかのように、さまざまな分野での応用倫理が要請されるようになってきているのかもしれない。

バイオハザードという問題がある。遺伝子組み換え研究に携わっている研究施設から、遺伝子を組み換えられた生物が外界に流出する事故などがこれにあたる。キマイラめいた怪物はＳＦでの話としても、発ガン性を持つ大腸菌とか、毒性の強まったボツリヌス菌などが流出したら、大問題である。生命科学による危機的な事態という意味でバイオハザードと呼ばれる。しかし、厳重な実験施設からひとりでに流出することはない。人為的な原因しか考えられない。何の気なしに水道の流しで実験器具を洗ったり、白衣に、遺伝子組み換え生物が付着しているにもかかわらず、そのままで実験施設から食堂へ行ったりというような、日常で起こりそうな軽率なミスか、自然界に意図的に放出するというようなことによってしか、生じ得ないのである。それは、「責任」の自覚が希薄であったり、「全体的な影響」への洞察が欠如していたり、実験者のモラルが崩壊した結果に他ならない。

さまざまな規則が定められていても、規範意識が欠如していたら、効果がないことは言うまでもない。しかし、現場ではむしろ、規則を定めるだけでは対処しきれないさまざまな問題が現出する。想定されていない事態にも対処するためには、倫理的な判断力が必要なのである。二〇〇六年一月六日、仙台市の光が丘スペルマン病院から新生児が誘拐され、八日早朝に国立仙台医療センターの廊下で発見・保護された事件があった。その際、誘拐された現場での看護師の対応なり、発見された仙台医療センターの対応なりが論議を呼んだ。適切な倫理的判断は、一般的な規則を覚えているからできるのではなく、その都度その状況で考えられ、下されなくてはならない。

「倫理」と聞くと、なにやらお説教がましい「道徳」というイメージを抱く方も多いかもしれないが、今日の倫理は、私たちが直面している現実の問題をどのように考えるか、安全で平和な日常をいかに維持して行くか、そうしたことをテーマとするアクチュアルな学問である。倫理は、覚える徳目などではなく、何気なく過ごしている日常生活を自覚的にする業だと言えるかもしれない。とはいえ、「泣く子と地頭には勝てない」と言われるように、具合の悪い子どもに薬を飲ませようとしても、ぐずって飲まない時などは、どうしたらいいのか、倫理的な判断を下す以前に、途方にくれてしまう場合があるのも事実である。

自分のしたいこと、したくないことが押し通されると、のっぴきならない混乱が生じてしまう。ところが世間では、お悩み相談の際には〈自分のしたいことを貫けばいい〉とか、〈自分のしたいことを探しましょう〉などという無責任な指針が示されたりもする。

生命倫理であろうと、環境倫理であろうと、その中心に潜む問題は、私たちが日常的に出会うエゴイズムの問題に収斂する。そして何が正しいのか、どうするべきなのかを考えてみると往々にして、正解というものがないように思われたり、時には複数の答えが出てきたりさえすることもある。私たちが現代を生きてゆく上で直面する倫理的な葛藤状況を、エゴイズムの問題を中心に、自覚化していただくことが、本書の根本的な狙いである。

現代の人類的な課題が要請された倫理として、環境倫理がある。私たちの欲望の赴くままに消費文化を続けてきた結果、人類は深刻な環境破壊に直面するに到り、資源の枯渇も囁かれている。この問題を考えると、私たちが文化的な生活を将来的に続けてゆこうとすると、「自己決定権」ではもはややっていけないことが明らかになる。自分でガソリン代を支払うのだから、燃費効率の悪い車に乗っていようと個人の自由、リスクはすべて自分が負うのだから、自分の山林を開発してゴルフ場にしようとそれは個人の自由、ダイオキシンが発生しようと、裏庭でゴミを燃やそうと個人の自由、翌春の田起こしの邪魔になるから、稲刈り後の稲藁を燃やすのも個人の自由、こうした自由が環境全体のことを考えるなら、許されない時代になってきている。そうなると環境倫理は、「自己決定権」を軸に物事の判断がなされている生命倫理の有効性を捉え直すための手がかりとなるかもしれない。

以前、ゴッホの名画をオークションで競り落とした日本の富豪がその喜びのあまり、自分が死んだらこの絵を棺に入れて一緒に焼いて欲しいと発言して、世界中の顰蹙《ひんしゅく》をかったことがあった。民法二〇六条では、自分の私物については自由な処分権が認められている。それならなぜ、世界中からエゴイストとの非難を浴びたのであろうか。それは、自分ひとりの欲のために、人類共通の宝を一人占めしようとする行為だと見なされたからにほかならない。実際に処分権が認められている私物についてさえ、エゴイズムが認められない場合があることをこの話は示している。

環境倫理学の原理に、「自然物の生存権」という考え方がある。生物や自然物も生存権を持つという考え方である。こうした考え方に基づいて、ムツゴロウやアマミノクロウサギによる生存権保護の訴訟が提訴されたりもしている。生物だけに留まらず、白砂青松の海岸だって、雪崩落ちるような渓谷だって生存権を持つという考え方に繋がる。いや美しい風景だけでなく、人間の役に立つものだけでなく、人間に何の役に立たない自然でも守っていかなくてはならないとも言われる。なぜなら、「人間の役に立つから自然を守る」では、人間のエゴイズムを認めることに他ならず、結局は、人間のための自然破壊だから許されるという抜け道が用意されることになるからである（加藤尚武『二十一世紀のエチカ』一一八頁）。人間には、まだ言葉もしゃべれない、動くことさえままならない乳児であろうと、その子を保護することに責任があるように、他の生物や自然物を思いやって、彼らの生存を保護するようになってこそ、人間の尊厳が成り立つという考え方である。

自分たちの世代さえ良ければとばかりに、私たちが資源を浪費し便利で安楽な生活を行なう一方で、地球温暖化による気象の激変はますます深刻さを深めてもいる。しかもこの間、将来の世代に残す資源を減らしてゆくとともに、有害化学物資や放射性廃棄物による環境破壊のつけを残してしまうことにも繋がっている。本来私たちには、ご先祖様から受け継いだ豊かな文化と美しい環境を、子や孫たちがいっそう豊かで文化的な生活を送ることができるように、バトンタッチしてゆく義務があるのではないか。そうであるなら、私たちの消費文化に染み付いたエゴイズムを、もう一度検証しなければならない。

現代を生きてゆく私たちの直面するこうした大切な問題をもう一度捉え直してみる手がかりを、日常的な場面に見られる倫理的な葛藤状況から見出すための案内になりうることを願って、本書は構想された。

現代を生きてゆくための倫理学＊目　次

現代を生きてゆくための倫理学

第一章　私たちは何と何の間を生きているのか

1　はじめに

私たちは、現代を生きている。その現代は、過去と未来の間に、多様な出来事を織り成しながら変転し続けている。〈現代〉が人類にとって大きな意味があるとすると、科学技術の著しい進展とともに経済発展によって、地球環境に多大な負荷を与えるまでになっている時代だ、ということであろう。それは生態系の激変をもたらしかねないほどである。〈過去の世代〉と〈将来の世代〉との間に生きる私たちの世代は、前の世代から受け継いだものを、次の世代へと、繋いで伝えてゆくことができるのであろうか。美しく豊かな自然と安全な暮らしを。

私たちは世間で、人と人との間を生きているからこそ、「人間」だと言われもする。しかし、情報システムの飛躍的な進化、さらにはメディアとツールの多様化によって、人と人との間で生きているというよりも、情報と情報の間を浮遊している感さえ否めない。知識は蓄積され、時には増殖さえするのに対し、情報は消費され、時の経過とともに劣化する。どの情報を信じ、どの情報は等閑視しても構わないか、常に判断を迫られている。

私たちは空間の中に生きている。一定の空間がなければ文字通り、身の置き所がなくなってしまう。その空間と私たちの間には、一口で言えない微妙な関係がある。私たちは自分の思うままに、空間を自分の色に染め上げることができる。空間を作り出したり加工したりすることもする。他方で私たちは、気象条件や景色が、私たちの気性や景色に反映されることをしばしば実感する。私たちは、空間と自分の間を生きているのかもしれない。雰囲気を感じ取って、この場合はどのように対処するべきか、私たちは判断したりもする。

私たちは、〈生〉と〈死〉の間を生きている、と考えたくもなる。が、しかし、〈生〉を享ける時点はどの時点であろうか。受精の瞬間か、二十二週を迎えた時点であろうか、それとも誕生した時と見るべきであろうか。同じように〈生の潰える時〉とはどの時点か、さまざまな議論や、問題があることは周知のことである。どうして、産声をあげてこの世に誕生した時が〈生を享けた時〉だと単純明快に言い切ることができないのか。それは、私たちの医療技術によって、人工妊娠中絶を行なうことができるし、受精卵の培養実験も行なわれたりする今日、生まれてくることが保証される関門が幾重にもあるからである。生殖補助医療における体外受精も今や、広く行なわれている。したがって精子と卵子にしてみれば、受精の瞬間はもちろん、二十二週を迎えた時も、〈生〉を授かるための一つの関門に他ならず、元気な産声をあげて母体から外に出て来た時も、生を得たことになる。どうしてこのように幾重にもわたって関門があるかというと、精子と卵子にしてみれば、その都度、私たちの医療技術が行使されるか、されないか、その運命は私たちの判断にかかっているからである。

〈死〉に関しても、心臓死と脳死という問題とともに、間接的安楽死、消極的安楽死、積極的安楽死の問題など、尊厳死や治療停止の問題も含めて、これまでさまざまな形で論議されてきた。いずれも、私たちの判断が問われているのである。

そうなると私たちは、倫理的な判断の間を生きている、ということになる。いや、〈生〉と〈死〉に限らず、日常的な場面で、常に私たちは倫理的な葛藤状況に身を晒し、その都度、どうするべきか対処することを求められている。であるなら、私たちは倫理的な判断を生きていると言えるかもしれない。そうした判断ができるようになることが、倫理学に求められている。

2　胎児の数は誰が決めるのか

福岡市のB子さん（39）は、2003年に初めて体外受精を受けた。卵子を採取し、夫の精子と受精させてできた受精卵2個を子宮に移植する治療だったが、妊娠に至らなかった。

2度目の治療で、体外受精の一種の「胚盤胞（はいばんほう）移植」を受けることになった。その際、主治医の蔵本ウイメンズクリニック（福岡市）院長、蔵本武志さんから「次に移植する受精卵は、1個にしましょう」と言われ、戸惑った。2個の受精卵でうまくいかなかったのに、「1個では、なおさら妊娠は難しいのでは」と思ったからだ。

蔵本さんが「受精卵は1個に」と言ったのは、多胎妊娠を避ける狙いからだ。

体外受精などの高度不妊治療で、双子が生まれる確率は、全国平均で15%を超え、0・4%程度とされる自然妊娠の場合を大きく上回る。

双子以上の多胎妊娠は、高血圧を招くなどの妊娠中毒症の恐れが高まり、母体に負担がかかる。早産で低出生体重児（未熟児）が生まれやすく、赤ちゃんにも問題が起きる。未熟児は乳児期の死亡率が健康な子の数倍高く、脳性マヒ、難聴などの障害も起きやすいうえ、成人後に糖尿病や心臓病の危険性が高まるとも指摘されているからだ。

胚盤胞移植は、通常の体外受精に比べ妊娠率が高く、主要な不妊治療施設で導入されているが、多胎妊娠の恐れも大きい。日本産科婦人科学会は、移植する受精卵を3個までに制限しているが、3個の胚盤胞移植では、自然妊娠ではほとんどできない三つ子が3～8%に生じた、との調査がある。同クリニックでも、2個の胚盤胞移植による妊娠率は73%だが、多胎率も49%と高率だった。

妊娠率を高く保ちながら多胎を防ぐため、蔵本さんが8年前にいち早く導入したのが、胚盤胞を1個だけ移植する方法だ。妊娠率は63％と2個移植に比べれば低いが、多胎にはほとんどならない。蔵本さんは36歳までで体外受精を繰り返していない人には1個移植を勧める。

B子さんは、この方法で妊娠し、長女（1）を産んだ。夜泣きで起こされると、「年齢的にも、双子だったら育児はとても大変だったと思う」と言う。2人目も同じ方法で産みたいと考えている。

読売新聞が全国の不妊治療施設に行ったアンケートでは、高度不妊治療による多胎妊娠が、全妊娠数の30％以上に達したのは26施設と、回答した施設の約1割を占めた。三つ子の妊娠があった施設は86か所に上った。移植する受精卵の数を平均2個未満にしている施設は33％にとどまり、さらに多胎妊娠を防ぐ取り組みが求められる。

胚盤胞移植　通常の体外受精では、2～3日培養した受精卵を子宮に移植し、着床するのを待つ。一方、胚盤胞は受精卵を5日ほど培養して成熟させた状態で移植する。妊娠率は、多くで50％を超えるが、培養などに高い技術が必要になる。（『読売新聞』二〇〇六年三月八日付）

†命の始まり

赤ちゃんの可愛らしさは、どう説明するべきなのであろうか。筆者の場合、長男、達生の誕生に立ち会うことができた。泣き声が聞こえたので、あれが、達生の声かな、でも違うかもと、なにか実感として感じられないような状態だったのが今では不思議である。ほどなく看護師さんがバスタオルにくるまれた赤ちゃんを抱っこしてきて、「おめでとうございます」と言って筆者に渡してくださった。ところが、真っ黒いウンチ（胎便）をしていて、それは当たり前のことなのだそうだが、筆者は驚いて、「大丈夫ですか？」とそのことばかりが気がかりで、今ではもっとマシなことを言って、もっと感動を味わえば良かったのに、と後悔している。それでもすぐに、看護師さんと一緒に、生まれたばかりの達生を産湯に入れて、きれいにしたら、その達生は、別の人間ではなくて、筆者自身、自分自身だと思ってしまったことを覚えている。

命の始まりは、誰の場合にもドラマに満ちている、物語にあふれている。筆者も母親の実家で生まれたように、かつて出産は、それぞれの家庭内で行なわれる「自然」の出来事だったのに対して、戦後は、産院・病院での出産が当たり前になって、医療技術が出産に関与するようになり、近年は、さまざまな形で「人為」的な選択が出産に絡んでくるようになった。すなわち、神に祈るような思いで、天にもすがる気持ちで子の誕生を待った時代から、人間の倫理的な判断によって、子どもが生まれる時代になったと言えるかもしれない。

†体外受精の広がり

一九七八年にイギリスで初めて体外受精児が誕生した当時は、「試験管ベビー」と呼ばれ、好奇の眼差しでもって語られた体外受精であったが、日本でも一九八三年に、東北大学医学部で成功して以来、成功率を高めるための激しい技術革新が続けられてきて、一般に普及するようになった。今では、赤ちゃんの六十五人に一人が、体外受精で生まれる時代である。生殖補助医療は飛躍的に成績が向上したこともあいまって、一般的な広がりを見せている。体外受精の最初の頃は、腹部から卵巣へ針をさして卵を採取するという手術が必要だったのが、今では、軽い麻酔ですむように、採取方法が変わっている。受精卵をすぐに卵管内に戻していたが、今では体外で五‐六日、培養した上で、胚盤胞の状態で子宮に戻すという仕方で、着床率を高めているという。

かつては、費用がかさむわりに妊娠率が低かったため、体外受精卵を六個‐十個ほど戻して、そのうちの一つでも着床することを期待する治療が行なわれていた。費用も高額である上に、排卵誘発剤のヒュメゴンを毎日注射することで、女性の身体にも苦痛と負担をかける不妊治療であった。したがって、少しでも成功率を上げることが望まれたため、十数個作られた受精卵の中からグレードの高いものを選び出して、一度に多くの受精卵が母体に戻されていたのである。

†多胎妊娠の処置

これによって、逆に多胎妊娠になるケースも出てきた。多胎になると、子どもに障害が生じる恐れが高まるだけでなく、母体に著しい負担をかけることになり、これによって、早産や流産の危険性も高まる。こうしたリスクを回避するための非常手段としてとられたのが、「減数手術（減胎手術）」であった。すなわち、子宮の中の赤ちゃんの数を減らすため、エコーを見ながら、塩化カリウムの注射を胎児に打って、心臓を止めるという処置である。この手術は、諏訪マタニティー・クリニックのほか、十五の診療所施設だけで行なわれているものである。

つまり、一般の医療施設では、この減数手術は、母体保護法に違反すると考えられて行なわれていない。すなわち、「母体保護法」の第二条第二項で、人工妊娠中絶が妊娠二十二週未満までに次のような方法で行なわれるように定義付けられているからである。「人工妊娠中絶とは、胎児が母体外において、生命を保続することのできない時期に、人工的に胎児及びその付属物を母体外に排出することをいう」。したがって、塩化カリウムを注射することによって死に至らしめる方法では、母体外に排出させるわけではないから、「堕胎罪」に問われかねないという判断から、ごく少数の施設でしか行なわれていないのが実情であった。多胎妊娠を引き起こしかねない生殖医療は、その後始末を諏訪マタニティー・クリニックに任せきりだったというわけである。諏訪マタニティー・クリニックでは、心停止した胎児の大部分は母体に吸収されるとともに、最終的に出産に至った時に、元気な赤ちゃんと一緒に、その子に命を託した中絶された赤ちゃんの部分が排出されるところから、「三十週間近くかけて人工妊娠中絶手術をしたもの」と解釈した上で、現在も行なわれている。そして、胎児を選別するものではないことが明記され、「差別」に繋がりかねないとする批判に応えている。しかし、他方でそれは、母体に危険もしくは胎児に異常が生じないようにという「緊急避難」として、減胎手術が許容される場合もある、と見過ごされてきたにすぎない。

そのほかにも、非配偶者間人工授精（ＡＩＤ）を、精子や卵子の提供を、兄弟姉妹に求める形で実施したり、依頼母の実母に限る形で代理出産を行なったりという、こうした取り組みは、法制化されていない特殊な問題に対して、窮状に陥っているクライアントの依頼に技術で応えようとすることであることから、良心に基づいた真摯な試みだと評価することもできよう。しかしながら、果たして〈できる〉からといって〈するべき〉なのかという倫理学の根本問題に照らすなら、諏訪マタニティー・クリニックの根津院長の個人的な良心と真摯な姿勢を支えに行なわれている「特殊な生殖医療」について、一般化することは難しいようにも思われる。

†妊娠中絶の推移

他方で、安易な気持ちから軽率に行為に及んだ結果、妊娠して中絶のやむなきに至るケースも広く一般的に見られるのも事実である。厚生労働省の人口統計によると、平成十八年の出生数が一〇九万二六七四人であるのに対して、別の統計によると平成十八年度の妊娠中絶の総数は、二七万六三五二件だというから、およそ四人が生まれるのに対して、一人が母体内で命を絶たれるという計算になる。あえて扇情的な数字を挙げるなら、同じ平成十八年の一年間で交通事故によって亡くなった方の数が六三五二人であることから、赤ちゃんにとってこの上ない安らぎの場所である子宮で命を絶たれる胎児が、交通事故で亡くなった方の四十倍以上だということになる。

たしかに、もっとも中絶件数の多かった一九五五年の一一七万一一四三件に比べると四分の一ほどに減少した。その反面、全世代にわたって減少が続く中、増加しているのが十五歳未満の女性の中絶であるとともに、かつては、二十五歳から三十四歳にかけての主婦層の妊娠中絶が大半を占めていたのに対し、今日では、二十歳から二十四歳にかけての層の女性がもっとも多く、人口千人あたりについて十九・二人、それについで多いのが、十九歳の女性の、人口千人あたり十六・三人というデータから、妊娠中絶の低年齢化を指摘することができよう（厚生労働省「平成一八年度保健・衛生業務報告」参照）。

†移植胚数の制限

妊娠中絶の低年齢化が進む一方で、減数手術に厳しい目が向けられる中、日本産科婦人科学会は、一九九六年以来、子宮に戻す受精卵・胚の数を、原則三個と規定してきたものを、二〇〇八年四月十二日に、次のような「生殖補助医療における多胎妊娠防止に関する見解」を発表、「会告」を変更するに至った。

生殖補助医療の胚移植において、移植する胚は原則として単一とする。ただし、三五歳以上の女性、または二回以上続けて妊娠不成立であった女性などについては、二胚移植を許容する。治療を受ける夫婦に対しては、移植しない胚を後の治療周期で利用するために凍結保存する技術のあることを、必ず提示しなければならない。

本章冒頭での新聞記事は、以上のような背景に照らして読まれなければならない。現在では、日本産科婦人科学会の会告を遵守するなら、子宮に戻される受精卵は、減数手術を実施するやむなきに至らないように、一個に定められているのである。減数手術の是非を論議する場合にも、医師が生まれてくる子どもを決めることに異論が出されてきた。しかし、今度は医師によって、初めから、生まれてくる子の数が決められるというわけである。

3　誰の迷惑にもならないことなら、何をしても許されるか

着床前診断　3例実施　学会に申請せず　2例は男女産み分け　神戸の産婦人科

体外受精した受精卵の一部を、母胎に戻す前に取り出して性別や遺伝病の有無などを調べる「着床前診断」を、神戸市灘区の大谷産婦人科＝大谷徹郎院長（48）＝が学会に申請せずに三例実施していたことが、四日分かった。

着床前診断の実施を明らかにしたのは日本では初めて。異常があった受精卵は廃棄することになるため「命の選別」との批判がある着床前診断について、日本産科婦人科学会は実施条件を「重い遺伝性疾患に限る」と定め、これまで実施を承認したケースはない。

男女産み分けは学会の認める診断の対象に含まれておらず、学会に申請せずに実施した今回の

ケースに専門医から批判の声が上がっているが、記者会見した大谷院長は「中絶しなくていいのならやってあげたかった。申請しても認められないのは分かっていた」と話している。

大谷院長によると、同産婦人科では2002年ごろから着床前診断を実施。一例は高齢出産のため染色体異常がないかを心配して診断を希望した。残り二例は男女産み分けを望み、うち一例は妊娠後に流産したが、三十代女性は希望通り女児を妊娠、二月中にも出産の予定という。大谷産婦人科は不妊治療を専門にする「不妊センター」を併設し、体外受精のほか、卵子に精子を直接注入する顕微授精や未受精卵子の凍結など先端的な不妊治療を手掛けている。

着床前診断はこれまでに、鹿児島大が筋ジストロフィーを対象に、北九州市の病院が習慣性流産の防止を目的に、それぞれ同学会に実施を申請したが認められず、現在、名古屋市立大と慶応大が筋ジストロフィーを対象に申請中。

●今後は学会に申請

▽大谷徹郎院長の話

希望する性別でなければ中絶するという強い意志を患者が持っていたため、中絶よりもダメージの少ない方法をとった。現状では羊水検査などで既に命の選別が行われている。日本産科婦人科学会では許可されていないため、水面下でやろうと考えた。患者にとっては、この方法は福音だと思う。ただ、今後実施する際には学会に申請しようと考えている。（『西日本新聞』二〇〇四年二月四日付）

†着床前診断

体外受精による受精卵が、四―八分割した段階で細胞一個を取り出して、核のDNAを検査することで、遺伝性疾患の有無や性別を確かめる、出生前診断の一つの技術が、着床前診断である。正常な場合だけ受精卵を子宮に戻し、妊娠を図る一方、異常が発見されたなら、そのまま受精卵を破棄することになる。したがって、妊娠後に、羊水検査など、胎児の細胞を調べるいわゆる出生前診断によって異常が発見された場合に、判断を迫られる妊娠中絶を避けることができて、母親の肉体的・精神的負担の軽減に繋がる。他方で、異常があった受精卵は廃棄されるため、〈命の選別〉や〈優生思想に繋がる〉などの批判がある。日本産科婦人科学会は実施条件を「重篤な遺伝性疾患」に限定して、実施しようとする際には同学会に申請し、審査、承認を受けるよう求めている。

アメリカやイギリス、オーストラリアなど多くの国では、実際に男女産み分けのために着床前診断が行なわれていて、世界の人口の九五パーセントが住む国々で着床前診断が認められているとするデータもある一方で、ドイツ、オーストリア、スイス、アイスランドなどは法律で禁止している。またフランスでは、緩やかな規制があるものの、逆に、すでに生まれている子どもへの骨髄移植治療のために、受精卵診断を行なって、治療にふさわしい子の妊娠を図ることさえ想定されている。世界全体では、着床前診断を受けて生まれた子が、すでに一万人以上いると言われている。

†出生前診断

これまでも、妊娠後に、赤ちゃんに先天的な異常がないかどうか調べる出生前診断は行なわれてきている。母体血清マーカーテストは、妊娠十五－二十週の母親の血液を採取して、そこに含まれている三－四種類の物資の濃度を検査するテストで、日本では一九九四年以降に行なわれるようになった。母親からの採血が必要なだけなので、胎児には影響が及ばず、比較的手軽な検査ではある。しかしながら、その結果は、染色体異常の子どもである可能性が百七十分の一とか、五十分の一などという確率の形でしか出てこないため、受け止め方に関して、人によっては混乱を来たしかねない不安が残る。

また、これによってさらに正確な結果を出そうとすると、子宮に針をさして、羊水を二〇ミリリットルほど抜き取って、そこに含まれている胎児から剥がれた皮膚や粘膜の生きた細胞を培養して染色体を検査する羊水検査を受けることになる。この羊水検査は、胎児の染色体について、正常か異常か正確に判別できる反面、子宮に針を突き刺すことが原因となって、平均で三百回に一回の割合で流産を引き起こす可能性がある、という。

そこで、母親は大変な倫理的な葛藤に苛まされることになる。確率でしか出てこない検査結果を、どのように受け止めるか、仮に染色体異常が、三百分の一の確率で疑わしい場合には、羊水検査を受けるべきか否か、そして、それ以上に高い確率で、胎児の染色体異常が疑われる場合には、妊娠中絶を受けるべきか、それとも生んで育てる決意をするのか、そうした重大な判断を、妊娠二十二週近くの段階で突きつけられることになる。しかも、産院も、障害者差別との誹《そし》りを受けるのは本意ではないので、母親の自己決定権、自己責任に委ねることになる。その結果、母親は倫理的葛藤に苛まされることになるとともに、妊娠中絶を選んだ場合には、心と身体に、大きな負担をかけることになる。こうした負担は、着床前診断によるなら免れることができる、というわけである。

†誰にも迷惑や危害を及ぼさないか

出生前診断に比べて、着床前診断は、母親に心身の負荷をかけないだけでなく、誰にも迷惑や危害を及ぼさない技術であるからといって、出産に関する自己決定権の行使として守られるべきものであろうか。ジョン・ロバートソンは他人に危害を及ぼすものではないことを理由に、次のように出産における自己決定権を主張する。

> 出産に関する選択の自由は、人間にとってもっとも重要なものの一つである。他人の利益を害することが明らかに示されない限り、生殖補助技術の使用に関する決定は、本人にまかされなければならない。（D・ドゥーリー／J・マッカーシー『看護倫理（2）』みすず書房、二四四－二四五頁）

性の営みはもちろんだが、これとは幾分懸け離れたものになってきている生殖、それに、性の営みとは別物の出産も、本人の自己決定に全面的に委ねられなくてはならないとする、自己決定権の尊重は、人間の尊厳に深く関わっている。そして「出産に関する自己決定権は、基本的人権の一つとして広く認められており、「世界人権宣言（第一六条）（一九四八年、国連）」ならびに「市民的および政治的権利に関する国際規約（第二三条）（一九七六年、国連）」によって保証されている。（…日本でも二〇〇三年に成立した「少子化社会対策基本法」の前文でも明記されている…）この自己決定権は、どの範囲まで及ぶのだろうか。親になる者は、子どもを生むかどうか、何人生むか、ということのほかに、男女どちらにするか、どんな特性をもつ子どもにするか、ということを決定する権利もあるのだろうか」（同書、二四三頁）。

着床前診断は、本当に、問題のない技術なのであろうか。ビーチャムとチルドレスの『生命医学倫理』には、四つの原則が掲げられている。すなわち、人格的存在の自己決定を尊重するという〈自律〉、人に危害を及ぼさない〈無危害〉、「人の幸福に貢献する」（ビーチャム／チルドレス『生命医学倫理』成文堂、二三一頁）〈仁恵〉、そして配分における〈正義〉の四つである。着床前診断は、こうした原則にとりあえずは背くものではない技術である。しかしながら、誰にでも開かれている医療でないことは言うまでもない。社会的な公平など期待できない高額な医療である。母親の幸福に貢献するかという観点に照らすなら、確かに、着床前診断は、母親の心身の負担を軽減していると言えないこともない。

しかしながら、受精卵にとってはどうであろう。妊娠率が低くなると言われてもいるこの着床前診断にあっては、八分割した段階で細胞を一－二個、検査のために取られるというのであるからして、胚の尊厳を冒していないと言い切れるであろうか。倫理を云々《うんぬん》する以前に、胚にとって安全な技術であるのか、疑問が残る。さらに、もし仮に〈胚の尊厳〉を持ち出すなら、検査のためには胚を傷つけざるを得ない上に、これが医学的侵襲とは違って、検査の結果に基づいて、胚の〈選別〉を行なって、捨てる胚と、受精させるために母体に戻す胚との差別的な取り扱いをもたらす以上、〈胚の尊厳〉にも背く技術だということになるかもしれない。

したがって、着床前診断を実施しようとするなら、〈胚の尊厳〉など掲げるわけにはいかなくなる。なぜなら、〈胚の尊厳〉や〈個人の尊厳〉は、胚や個人の一個一個に根ざす倫理観に基づいているからである。ところが、着床前診断は、結果次第で胚の廃棄へと繋がるため、胚一個に尊厳を付与していたなら成り立たない医療技術である。したがって、着床前診断を容認しようとするなら、ともあれ、「生命の繋がり」の実現を目指す技術であるというところに重きを置いて考え直す必要が出てくる。その際に、安全性が考慮されなくてはならないのは大前提である。というのも、次のような男女産み分けの方法も実施されているからである。

†フロー・サイトメトリー

最も成功率の高い精子の選別方法はフロー・サイトメトリーである。これは、一九九〇年代に米国農務省が最初に特許をとり、ヴァージニア州フェアファックスの「遺伝学ＩＶＦ研究所」に臨床試験を行なう許可を与えたもので、精子に蛍光塗料を加えてフロー・サイトメーターの中を通らせる方法である。そこにレーザー光線をあてると染色されたDNAが光るのだが、X精子のほうがY精子よりもDNAが多いため、より明るく光る。その明るさによって、セル・ソーターが精子群を二つに分けるのである。

二七名の患者にこの方法を用いて女児を生ませた成功率は九八・二%、男児を生ませた成功率は七二%であった。この方法は今のところ臨床試験の段階であるが、精子に加えられた蛍光塗料（これは精子のDNAに付着することになる）が害をおよぼすことになるかどうか、まだ明らかになっていない。（D・ドゥーリー／J・マッカーシー、前掲書、一二三八頁）

精子に蛍光塗料を加え、レーザー光線の照射までして、男女産み分けをしなければならない理由と意味は何だったのであろう。そして本当に安全なのであろうか。ここでも倫理よりもむしろ安全性が問題になってこよう。

†生殖医療を支える倫理

胚には本来、人格たる人になる潜在的可能性があると見るならば、生殖補助医療にあっては、私たちがその潜在的な可能性を左右する力を行使することになる。だが、本来的に備わっている潜在的可能性を重視しようとするならば、精子にも卵子にも潜在的な可能性があると言わざるを得ない。潜在的可能性があるからといって、それの実現されることが保障されるものでないことは言うまでもない。なぜなら、人格としての人でさえも、誰しもが、無際限に潜在的な可能性を持っているが、だからといってそれが保障されているものではないからである。

むしろ着床前診断が、技術によって〈できる〉からといって、〈するべき〉だとする判断であるならば、そこに、倫理性の入り込む余地はなくなってしまう。倫理は、〈するべき〉であるからこそ、〈できる〉という構えがあってこそ成り立つものだからである。着床前診断は、母親であれ胎児であれ、人格である誰にも迷惑をかけるものではない。しかしながら、誰にも迷惑をかけはしないからといって、倫理的であるということにはならない。なぜならそれは、倫理的だと判断する以前に問われるべき判断基準だからである。逆にまた、私たちはある程度、お互い様で迷惑を掛け合いながら、またそれを許容しあいながら、共同を育んでもいる。となると、〈誰にも迷惑をかけない〉という指標をもって、倫理的な判断を下すことはカテゴリー・ミステイクということになろう。

4　胎児に生まれてくる権利はあるのか

†性と生殖

妊娠中絶に対して否定的な議論の多くは、〈性〉の営みを、〈生殖〉の営みと重ねて捉えるところから来ている。確かに、今でも〈性〉の交わりについて、公然と話題にされることはない一方で、妊娠・出産にわいせつな感じは何も伴わないところから、〈性〉を〈生殖〉として捉えることによって、むしろ夫婦の神聖な営みへと昇華されているように見られもする。〈生殖〉から切り離された形での〈性〉の追求は、快楽に耽る営みでしかないというわけだ。しかし、生殖補助医療は、〈性〉の交わりとは別のところに、〈生殖〉の始まりを置いている。こうした〈性〉と〈生殖〉との分離について、今井道夫は論考「生殖補助医療技術について」で、ショーペンハウアーの次の論述を紹介する。

どの婦人も、生殖行為に際しては驚かされ、恥ずかしさに消え入るばかりの思いをさせられるのであるが、ところが妊娠したとなると、羞恥のかげりを見せず、否一種の誇りをさえまじえて、見せびらかして歩く。一体ほかのどのような場合でも、間違いのないたしかな証拠はその証拠によって示されている事柄それ自身と同意義のものと考えられるのであり、したがってまたなしとげられた交合のどのような証拠も婦人を極度に赤面させるのであるが、ただ妊娠だけはそうではないのである。（ショーペンハウエル『自殺について』斎藤信治訳〈岩波文庫〉岩波書店）。

その上で、次のように解説を加えている。

交合（性行為）が「羞恥と汚辱」の中にあるとすれば妊娠は「純潔にして無垢」なのであり、それで貸借が釣り合うのだ、と彼（ショーペンハウアー――引用者）はいう。（……）ここでは性と生殖の間に存し得る不連続を確認すれば足りる。（今井道夫「生殖補助医療技術について」長島・盛永編『生殖医学と生命倫理』太陽出版、二八―三九頁）

性と生殖の不連続は、生殖医療を支えるとともに、妊娠中絶の背景ともなっている。

† 妊娠中絶の擁護

祝福と希望に満ちて生まれてくる赤ちゃんもいる一方で、その四分の一ほどの数の胎児が中絶されている。胚なら破棄してもかまわないが、胎児を中絶することは母体に対して、身体的にはもちろん、精神的にも負担をかけるという発想には、胚と胎児との間に生まれてくることをめぐって〈線引き〉がなされていることの表われであろう。実際には、妊娠中絶が許される時期として、日本では妊娠二十二週未満という〈線引き〉がなされている。妊娠中絶をめぐる〈線引き〉で有名な議論は、ジューディス・ジャーヴィス・トムソンによる「人工妊娠中絶の擁護」（一九七一年）である。すなわち、どんぐりをもって、これは樫の木だとは言えないように、どの時点をもって受精卵は胚から妊娠中絶もされ得る胎児へ、そして生きる権利を持つ人へと変わるか、〈線引き〉はできないという議論である。

仮に受精した瞬間から、生存権の認められる人だ、と仮定しても、妊娠中絶は認められ得るとして、奇妙な例が出される。それは、ある夜に誘拐されて、気がついたら背中を、重い腎臓病を患っている高名なバイオリニストと繋がれた人、という例である。誘拐された被害者に、ドクターが、「あなたの不運に同情します。しかし、今、彼を切り離すことは、罪のないバイオリニストを殺すことになります。それよりも九か月、繋がっていれば、彼には回復することができるのです」と声をかけたとして、被害者はこれに同意する道徳的な義務を負うことになるのか、と反論が展開される。

妊娠に繋がるかもしれない行為だと知っていながら行為に及んで、妊娠に至った場合でさえ、これまた卓抜な例でトムソンは妊娠中絶を擁護する。大筋としてはこうである。熱帯夜の夜に、マンションの窓を開け放ったまま女性が眠っていたところが、泥棒に入られた。その場合に彼女は、「泥棒が家に入っても良い。彼女は彼に家に侵入する権利を与えた。泥棒によって被害にあったからといって、それは彼女の責任である」と言えるであろうか？　それなら、泥棒が入らないように格子を窓にはめていたところが、その格子に欠陥があって泥棒に入られた場合、その責任は彼女にあるだろうか？　さらに、侵入してきたのが泥棒ではなく、純粋無垢の好青年がたまたま訪れただけの場合でも、つまり合意の上での性交渉によって妊娠した時でさえ、彼女に責任があるとするのは不自然だ、というわけである。

こうしたトムソンの議論に対して、批判的留保を付しながらも、「それが胎児の生存権の有無で堕胎の是非が一義的に決定されると言う従来の前提を斥け、胎児に生命権を承認したうえで、生命権一般の限界の問題として堕胎の是非をケース・バイ・ケースに考えるという発想を提示した」（井上達夫「生命倫理と公論の哲学」長尾・米本編『メタ・バイオエシックス』日本評論社、二五六頁）ことを、積極的に評価したのは井上達夫である。トムソンの議論に触発されて、「胎児を「我ら」の一員とみなしたうえで、生命権の名による犠牲要求の限界の問題と、歓迎されざる胎児でさえ親との間にもつ自然的紐帯の倫理的意味の問題との両面から、堕胎の道徳性の問題を考察する視角」（井上達夫「人間・生命・倫理」同書、六二頁）の重要性を井上は指摘する。

†生まれてくる子

どの段階から、受精卵は、胚ではなく胎児として、自然的紐帯の中に迎え入れられるのであろうか。もし、脳死をもって死の判定基準とすることのアナロジーで、脳機能の出現をもって人間と見るならば、それは受胎後六から十二週のある段階で人間になるということになろうし、脳と心臓と肺の機能の不可逆的な停止をもって人の死と見る判断基準に倣うなら、胎児がそれらの機能の一つを獲得する時に人間になると見なすと、それは、受胎後、二週目の終わりから十二週目の終わりのある時点で人間になる、ということになる（森岡正博「人工妊娠中絶は道徳的に正当化されるか――ブロディー論文の紹介」『バイオエシックスの展望』千葉大学教養部、一一一－一一二頁参照）、とされる。

他方で、妊娠の中途で、吸引法なり、掻爬《そうは》法なりによって、中絶せざるを得ない事情や、日の目を見ることができなかった子もいる。そこにもさまざまないきさつと、それぞれの物語があるに違いない。そのように考えると、私たちは自分ひとりで生きているのではないという思いに誘われざるを得ない。問題は、権利という文脈ではなく、また受精卵一個の、胎児一人の生命ではなく、もっと大きな生命の繋がりの中で命が育まれてゆくというような形で捉え直されなくてはならないように思われる。そして赤ちゃんからしてみると、それぞれにまったく異なった人生を歩んできて、出会った二人の男女が、数限りなく直面した多くの葛藤や選択肢と、それに際しての倫理的な判断とを乗り越えて、この世に生を享けて生まれ出てくる。その時、もう決して逃れることのできない親と子の絆を頼りに、健気に生きてゆくところの命のリレーが繋がれる。

生命の繋がりを生み出す行為である粘膜接触は、相手の病歴を自らに引き受けることもあることから、それ自体、文字通り相手の生命と自らの生命とを接合する営みであると言えよう。そこから新たな物語が紡ぎだされるならば、その繋がりは強いものになってゆく。家族や恋人だけでなく、私たちは相手を理解することを通して、生の交わりを広げてゆく。そうした生の繋がりを、ディルタイは、「体験」を軸に分析的に描き出した。

†生きることは体験することである

精神科学の基礎付けとしての解釈学を構想したヴィルヘルム・ディルタイは、『歴史的理性批判のための草稿』(W. Dilthey, "Entwürfe zur Kritik der historische Vernunft," in: *Gesammelte Schriften*, Bd. VII 以下、Dilthey と略記する)で、普遍的な生の連関を拓く契機を「体験」に見定めて、他者を理解することの成り立ちを明らかにしようとした。彼によれば、生きてゆくということは、「人生行路(Lebensverlauf)」という表現にもあるように、時間と場所を経てゆくことである。日々、私たちが生きてゆくさなかにあって、次々と時間を過ごし、さまざまな場所を得ながら、いろいろな体験をしている。体験

（Erleben）とはまさに生きる（Leben）ことである。

体験（Erleben）は時間のうちで過ぎ行くものであるが、この流れの内では、絶えず次の瞬間が前のものの上に重ねられるのだから、どのような状況も判然とした対象になる前に変わってしまって、あらゆる瞬間が把捉されないままで過ぎ去ってゆく。（Dilthey, S. 192）

ところが、生きてゆく場所は次々と移ろい、瞬間のそれぞれは次々と流れ去ってゆくように思われる。にもかかわらず、そこを生きている私は、同じ私として、連続したアイデンティティを担っている。一日の出来事はさまざまであれ、同じ私の体験として再構成される。大学で講義をしている自分と、産院でエコーに映し出されたわが子とのコール・アンド・レスポンスに喜んでいる自分との間には、何も矛盾はない。

時に忘れたり、夢中になったり、記憶が飛んでいたりすることをもあるが、それらを含め、私たちの意識の流れが連続しているという実感の中にあって、さまざまな体験が営まれている。それらが私の体験として一括りにされ得るのは、それが私の「生」の中で営まれているからだと、ディルタイは考えている。個人的な体験といっても、単なる主観的な思い込みに過ぎないわけではない。流れ過ぎて行く個々の出来事は、それぞれの人の人生の目的や意味に照らし合わされてこそ、体験として、その意義が捉え直されていく。その時の刹那の思いや感覚は、判断の基準にならない。〈今がよければ〉

という判断は、〈今さえ良ければ〉へと言い換えられもするし、これは〈今だけは良いが、今以外にあっては良いとは限らない〉と同じ意味を持つことになる。

生においてのみ現在は、想起において過去の表象を包括し、想像においては、未来の可能性を追求する想像や、これらの可能性のうちである目的を設定する活動性において、未来の表象を包括している。こうして現在はさまざまな過去によって満たされ、未来を自らのうちに担っている。これが精神科学でいう「展開」という言葉の意味である。(Dilthey, S. 232)。

私たちにとって、過去の体験は、それがその時点ではうれしいものであれ、辛いものであれ、すべて私たちの精神的な財産として今に生かされているからこそ、今にある。過去は否定されたかに見えて、現在に生かされている。高校生〈でない〉からこそ、大学生〈である〉わけだが、高校生〈であった〉ことは決して否定されていない。同じように、今は学部学生〈である〉という制約を担う以上、大学院生〈ではない〉にせよ、教師〈でない〉にせよ、そうなる可能性をそれぞれ自らのうちに担っている。連続性があるからこそ「展開」なのであって、脈絡が分からないほどに、あるいは意図を量りかねるほどに変貌した場合は、「あの人、変ってしまったわねぇ」と、否定的に言われるわけである。一貫した「展開」と脈絡のつかめない「変化」の違いはここにある。そして私たちは、自らの人生を展開しながら、一連の物語を生きてゆく。

5　結び

†生は共同との連関において営まれる

個人の生自体、主観的に、自分だけで営まれているのではないことは、私たちの〈自己〉が、しつけや作法、生活習慣や生活スタイル、経済状態、道徳、順法意識、国家、宗教、芸術への趣味、学問、思想によって影響されていることからしても、明らかであろう。

個人が捉える生の表出は、普通は、個々のものとしての生の表出であるだけでなく、いわば、共同性（Gemeinsamkeit）についての知識と、この共同性のうちに与えられている内的なものへの関連とによって満たされている。(Dilthey, S. 209)

私たちは、共同社会の中で自らの生を育んでいて、その共同社会とは、他の主体と相互作用し合う場である。ここで個人の精神と客観的な精神の連関が成り立っているがゆえに、他人の精神の理解も可能になる。

体験、他人の理解、歴史的な働きかけの主体としての共同体を、つまり客観的な精神を歴史記述的に捉えること、こうしたことが作用し合うところに、精神的な世界についての知識が生じる。（Dilthey, S. 196）

逆に言うと、「どんな精神的な事情についても私たちの知識は体験からのみ得られるということについては叙述するまでもない。私たちが体験したことのない感情を、他人のうちに再発見することはできない」（Dilthey, S. 196）。親になって初めて、子育ての限りないよろこびと束の間の苦労といささかの心配とが理解できるものである。それまでは他人事でしかない。体験を通して私たちに理解できるものが用意されていないことについては、理解のよすがを持つことができない。

†相手を自分に置き換えて追体験すること

自らのうちに準備されていないものについては理解し得ないとディルタイが考えたのは、他者を理解しようとすると、自らを相手の立場に置き換えてみる「自己移入」が必要であるからに他ならない。

高次の理解がその対象に対してとる態度（Stellung）は、与えられたものの内に生の連関を見出そうとする自らの課題によって規定されている。このことが可能なのはただ、自身の体験において存立していて、幾多の場合に経験されている連関が、そのうちにあらゆる可能性を含みつつ、いつも現在して準備しているからにほかならない。このような、理解という課題において与えられている体制を私たちは、自己移入（Sichhineinversetzen）と呼ぼう。（Dilthey, S. 213f.）

理解を通して生の連関が見出されるならば、人であろうと、テクストであろうと、相手を理解するためには、解釈する人の体験を豊かにしておかなくてはならないことになる。相手を理解することとはまさしく、ディルタイの言うところの「追形成（Nachbilden）とか、追体験（Nacherleben）」（Dilthey, 214）にほかならないからである。

ある詩のフレーズの一つひとつは、その詩が生まれた体験における内的な連関を通して、再び生へと返される。〔理解する人の〕心の中にあるさまざまな可能性が、根源的な理解の働き（elementare Verstaendnisleistung）によって、捉えられた外的な言葉によって呼び起こされる。心は、かつて似たような生活状況に基づいて享受したり受苦したり、願ったり動いたりしたさまざまな身についた軌道（Bahn）を辿る。過去において、また未来の夢において、無数の道が拓かれている。だから、読んだ言葉から、数え切れない想いの糸が紡がれるのである。（Dilthey, S. 214）

そうであるなら、私たちは、胎児だけでなく、すでにこの世にいない人とも、生の交歓を行なうことができるのかもしれない。実際、脳死になっても出産に至る婦人もいれば、脳死状態に陥ったまま、成長を続ける幼児もいる。数え切れない想いの糸が紡がれ続けてゆく。

解釈学は私たちに、著者以上に彼を理解するという、ある意味ではあまりに過酷な課題を課している。解釈の働きは、解釈者自身の追体験に因り、それは解釈者自身の過去の体験を糧にさらに人生行路を進める見通しの中で、相手の生と自らの生とを重ねて理解する営みにほかならない。「完全に、ともに生きる（Mitleben）ということが、理解が出来事そのものの線に沿って進行するというところに結び付けられている。理解は、絶えず進行しながら、人生行路そのものとともに前進する。こうして、自己移入や置き換えの過程が拡張される。追体験とは、出来事の線に沿った創造である」(Dilthey, S. 214)。人生を生きてゆく意味は、生きるということを認識することに向けて、それぞれの物語を創り上げていく中で育まれる。それは、それぞれの場面やそれぞれの折節に、倫理的な判断が求められるかたちで展開されてゆくのである。

第二章　私たちは自分のしたいことをして構わないか

1　はじめに

自分のしたいことをする自由を無制限に追求して構わないなら、これほど楽なことはないかもしれない。ところが、共同して物事を運んでゆこうとすると、メンバーの間で、意見ののっぴきならない対立が生じないように調整を行ないながら意思決定を行なわなくてはならない。通常、公共的な場面では、それは、トップの横暴とか、横車のゴリ押しという印象を避けるために、多数の賛同を得る形で行なわれている。多数決は民主的な意思決定システムであると私たちは教わってきた。同じ多数決でも、一人で複数の票を入れることができるやり方の方が投票者の気持ちを的確に示すことができるように思われるかもしれない。
ところが、多数決には、あらかじめ意思の疎通がとれていないと、決定的なジレンマに陥る危険性がある。もとより、多数決は、多数派が常に勝利するシステムであるからして、少数派は常に敗北する。国王一派の圧政に多数の国民が苦しんでいた時代には有効に機能した民主主義も、多数派が少数派を迫害しかねない状況にあっては、逆に人道にもとる結果を導く制度になりかねないのも事実である。

それなら、それぞれの自由裁量に任せて、自由競争の原理を導入した上で、成果次第でことの善し悪しを判断するというやり方も考えられるかもしれない。しかし、それでは、倫理的な判断を回避した成果主義でしかない。仮に、どのような難問を相談されたところで、「一回限りの人生なんだから、あなたのしたいように、思うようにすればいい」と自由主義を奨めるなら、たちどころに良きアドヴァイスになるだろう。ただし、「その結果は自己責任よ」と忘れずに付け加えなくてはならない。

今日、私たちが直面している大きな倫理問題は、生命倫理であれ、環境倫理であれ、「エゴイズム」の問題と切り離して考えることはできない。自分の望むままに医療技術を用いて構わないのか、自らの購買力に任せて消費文明を享受して構わないのか、という問題がそこにある。

利潤を追求する企業にあってさえ、手段を選ばないまま利益を追求することは、憚《はばか》られるようになってきた。現実に企業倫理が問われることになるのは、実のところ、個々の「社会的責任」を果たすことが疎《おろそ》かになったり、公正さに背いたりして大きな事件になった場合である。現場で仕事に携わる個々の部署の担当者の判断が、その人個人の狭い了見に留まって、「全体的な影響」を考慮しなかったために、小さなミスが大事になってしまった例も多い。雪印や不二家、船場吉兆などのさまざまな食品偽装や鰻の原産地の虚偽表示、三菱のリコール隠しなど、枚挙に暇《いとま》がないのも事実である。一旦明るみに出ると、すべてがオシマイになりかねないのに、どうして〈自分さえ良ければ〉〈ズルしても構わない〉という判断を下すのか？　自らの判断に反省を加える倫理の重要性が、あらためて思い起こされることになる。

2　奇妙な結果を招きかねない多数決

†自愛の原理で道徳はできるか

自分の利益を真剣に追求するならば、結局は、他人と信頼関係を結ぶ中で、誠実に協力し合うことになる、と考えることもできるかもしれない。私益を追及するならば、煎《せん》じ詰めれば倫理的にならざるを得ないと言うわけである。ヒュームに次のような状況設定がある。

隣家の小麦は今日実るし、自家の小麦は明日実ろう。それゆえ、今日は隣家とともに働いて、明日は隣家が私を援ければ、双方に利得があろう。〔しかし、〕私は隣家に何らの好意も持たない。また、隣家が私に対しても同様に好意を持たないと知っている。それゆえ、私は隣家のために骨を折ろうとは思わない。また、もし返礼を期待して、私自身のために隣家に協力して働けば、私は失望すると知っている。言い換えれば、隣家の感恩に依存しても無駄であると知っている。それゆえ、今の場合、私は隣家が自分だけで働くままにして置く。隣家も私に同様な取り扱いをする。刈入れの時期は移る。そして、私も隣家も、相互の信頼と保証とを欠くため収穫を失う。
（D・ヒューム『人性論（四）』〈岩波文庫〉岩波書店、一〇七頁――一部、表記を変えている）

ヒュームは、利己的な損得勘定や打算から出発しても、結果的には利他的な行動を起こして、道徳感情を抱くようになることが可能だと述べているのである。

一たい、正義の法の真の母は自愛である。が、或る人物の自愛は他の人物の自愛と反対であるのが自然である。従って、これらいくつかの利害に囚われた情緒は調整されて、或る行為ないし行いの体系に合致することを余儀なくされる。そしてそれゆえに、各個人の利害を包括するこの行為体系は、たとえ案出者が公共的利益を意図せずとも、もちろん公衆にとって有利なのである。
（同書、一一九頁）

†他者と関係を結んで合意するためには

確かに、損得勘定や打算だけでも誠実な関係を結ぶことができるかもしれない。お弁当屋さんで、買いに来た学生に対し、「こんな寒い日も勉強して、偉いね。おいしいお弁当を赤字覚悟でサーヴィスするよ」などという気持ちで売ってくださる人がどこにいるだろうか。みな、売り手は販売価格に比してコストを削減したり、販売量を増やすことで利得を得ようとするわけであるし、買い手も、シメシメおいしいわりに安いお弁当だと、互いに得をしようとするところに商売が成り立つ。打算的な正直だけでも、誠実でさえあれば、市民社会では十分に倫理的だとして受けとめられる。したがって、お互いの利益を考えて、打算的に行動することでも、倫理的である場合は確かにある。しかし、必ずしも、損得勘定が常に倫理的になるとは限らない。むしろ打算と打算が衝突する場合の方が常である。

そうなると私たちが独断専行に走ることなく、損得勘定や打算に依拠することもなく、共同で物事を決めようとする場合には、差し当たりは、多数決で、合意形成をはかるというのが、通常取られる手はずである。ところが、多数決は、有効に機能しない場合がある。

†選択肢が三つの場合のパラドックス

研究室で紅葉狩りに行こうということになった時、三年生代表の松野君と四年生代表の杉山君、大学院生代表の梅本さんに、どこへ行くか話し合ってもらうことにした。松野君は、あらかじめ仲間と相談していて、教師が候補としてあげていた〈荒川峡〉、〈清津峡〉、〈角神〉の三つのうち、近くて便利なので、荒川峡∨清津峡∨角神という順番で考えていた。杉山君は、紅葉が崩れ落ちるような断崖に砕ける清流の清冽な魅力から、清津峡∨角神∨荒川峡という順番で願っていた。梅本さんは、ダム湖に映える圧倒的な量感の紅葉の魅力から、角神∨荒川峡∨清津峡という順番で考えていた。

教師が、「じゃあ皆さんの意見を集約しよう、まず五十音順で決めてゆこうね。荒川峡と清津峡とでは、どうですか?」と言うと、松野君は即座に荒川峡に賛成するし、梅本さんも、その二つなら荒川峡ね、ということで賛成に回る。そこで教師は、「清津峡に比べて荒川峡の方が支持されたわけですね」とした上で、「じゃあ、その荒川峡と角神とではどうですか」と尋ねる。すると、梅本さんは待ってましたとばかりに賛成するし、杉山君も、荒川峡と角神とを比べるのなら、遊覧船から紅葉を見ることのできる角神のほうがいいよなぁということで賛成に回る。すると教師は、「これで決まりましたね。清津峡に荒川峡が勝って、その荒川峡に角神が勝ったのですから、ゼミの紅葉狩りは角神に行くことにします」と断を下す。

すると収まらないのが杉山君で、「先生、四年生の代表として、このままではみんなの前にスゴスゴと帰ることなどできませんので、どうか、清津峡と角神とでもう一度、決戦投票してみて下さい。だいいち紅葉は、ちょっと遠いですが清津峡こそ絶品ですよ」と頼み込む。梅本さんは、「杉山君、もう決まったことだし、それに清津峡は一番最初に負けてしまったのよ」と諭すのであったが、教師は杉山君を可哀そうだと同情して「それならいいよ、清津峡と角神となら、みんなはどう思う?」と尋ねる。すると、杉山君はもちろん大賛成なのだが、なんと松野君も清津峡への賛成に回って、大逆転が起きてしまう。

「二人以上の構成員からなる社会が三つ以上の選択肢に関して社会的選好順序を定める場合」、実は、堂々巡りを引き起こさずに、思想信条の自由を保障しつつ、満場一致を願いながら、ただ一人の選好を実現するようなことがあってはならない、という条件を満たすことはできない。「社会的な意思決定は、選択肢が三つになったとたん、非常に大きな問題に直面する」（和田淳一郎「「投票と選挙」をゲーム理論で解く」中山幹夫・武藤滋夫・船木由喜彦編『ゲーム理論で解く』有斐閣、一〇五頁）というわけである。

†複数記名投票制のパラドックス

プロ野球のMVPなどでは、複数記名の投票がなされるようである。あるシーズンの終わり、最多勝に加え最優秀防御率を獲得したAと、三冠王を獲得したBと、優勝したチームの捕手のCの三人が争ったとする。投票の結果は、一位票はAとBに集中したにもかかわらず、二人は選出されず、CがMVPの栄冠に輝く。世間はその結果を訝しく思うかもしれないが、審査員が何人であれ、一位票がAとBとに散った上、二位票を満遍なく集めたCが、たった一人の一位票で、MVPに選出されることもあり得る。複数記名投票制は、単純多数決に比べて、投票者の意思を細かく反映するように見えて、実は厄介な問題を引き起こしかねない。

そもそも投票にあっては、あらかじめ意思を疎通させることなど許されていないから、こうした混乱が生じるのだ、ということで、根回しなり、事前の擦り合わせなどが行なわれるという実情がある。しかしこれでは、思想信条の自由を保障した上で、一人の選好だけが実現されることがないように、というシステムである民主制の原則に反することになるのは言うまでもない。

選択肢が三つ以上になった苦しみというのは、バーゲンに行った時の事を想起すれば、分かりやすい。一八九〇円のセーターと、一二八〇円のトレーナーとで迷うならまだしも結論は出しやすいだろうが、そこに、一四九〇円のブルゾンも買いたい候補に入ったものの、予算は二五〇〇円などという場合は、帰路のバス代や昼食代なども考えあわせたりすると、困惑して、それだけで疲れることになるかもしれない。

3　打算が陥る囚人のジレンマ

†囚人のジレンマ

囚人のジレンマと呼ばれる状況がある。自らの生命と財産の安全のために、生きるためなら何をしても構わないという自然権の放棄を約束し合うとしたホッブスの『リヴァイアサン』にまで遡及されるという（M・D・デービス『ゲームの理論入門』〈ブルーバックス〉講談社、一五二頁）。

ある犯罪を共同で犯した嫌疑を受けている二人が警察に逮捕され、独房に入れられている。各容疑者は自白するか黙秘するかのどちらかだし、各々自分の行動のあり得べき結果を知っている。結果とは、（1）もし容疑者の一人が自白し、パートナーが自白しないならば、自白者は共犯証言をし、自由になる。そして他方は二〇年の刑に服する。（2）もし両方の容疑者が自白するならば、彼らは共に五年の刑に服する。（3）もし両方の容疑者が黙秘するならば、彼らは二人とも一年ばかり刑務所に行き、秘密兵器の積載に当たる——これは軽い刑である。「盗賊の名誉」がなく、各容疑者の唯一の関心事が私利私欲でしかないと仮定しよう。こういう条件のもとで、容疑者達は、どうすべきであろうか？（同書、一四四－一四五頁）

†自分だけは損をしないようにと相手も判断する

皆さんなら、お互いに黙秘するのが賢いと考えるかもしれない。しかし話はそんなに簡単ではない。

彼のパートナーが自白するとしよう。我々の男は黙秘して二〇年間刑務所に行くか、自白して五年間刑務所に行くかである。あるいは、もしパートナーが黙秘したままならば、彼も黙秘して一年の服役で済ませられるか、白状して自由になるかである。いずれの場合にも一見したところ白状すれば良くなるように見える。（同書、一四五－一四六頁）

ところが、自分だけが特別なのではない。同じことを対称的に相方も考えるなら、両方とも自白する結果となって、共に五年の刑に服することになる。お互い意思疎通はできない立場にあるわけだが、もし二人が深い信頼関係で結ばれていて、互いに協調して黙秘したなら、一年で済んだのだ。

　もちろん、二人が協調して、黙秘を貫き通す場合を想定することだってできる。また、仲間を裏切ることで釈放されるとしても、シンジケートによる追及の方が怖いとなれば、黙秘するかもしれない。二人の「立場は全く同じだ。片方が、自分だけ裏切りすることによって相手より有利になろうなどと思うのは現実的ではない。二人とも合理的であると仮定すれば、同じ戦略に決めるはずだからだ。つまり現実的に起こりうるのは、「二人とも協調」か「二人とも裏切り」の二つだけである。どちらにとっても、協調による結果の方がいい」（W・パウンドストーン『囚人のジレンマ』青土社、一五九頁）。だからといって、彼らが、自分達にとって賢明な、協調するという判断に至る保証は何もない。

†戦場のジレンマ

　J・L・マッキーはこのパラドックスを改造して、「戦場のジレンマ」を描いている。マッキーによれば、「二人の男がばらばらに行為を選択し、どんなに合理的ではあってもそれぞれに別々の個人的な目標を追求するのであれば、自分たちの目標が達成できなくても何も驚くに当たらない。また、二人が行為の選択で協調すれば、各々の個人的目標を達成する可能性が高まっても何も不思議はない。しかしどうすれば彼らは協調できるのだろうか？」（マッキー『倫理学』哲書房、一六八頁）。マッキーによれば、どのように二人が約束していようと、相手に対する「敬意と誠実」ほどは効果を挙げないという。

それなら、意思疎通もできなければ、相手に対する敬意も誠実も感じられない場合はどうだろう。次のような状況を想定してみよう。

黒沢君は、食糧難と経済危機に苦しんでいる独裁政治の国へ、物珍らしさから、純然たる観光の目的で旅行に行ったとする。ところが空港からホテルに着くと、突然、秘密警察によって逮捕されてしまった。妙にアンドロイドに似た動きをする屈強な男たちによって無理やり取り調べ室に連れて行かれると、日本語を話す男が待っていて、こういう話を切り出した。

「かわいそうだが、君は、国家転覆罪で逮捕された」。黒沢君は反論する。「何を言っているんだ！　俺は新潟大学の学生で、国家転覆もなにも、ただ観光に来ただけだぁ！」。男は冷たく言い放つ。「いいや、証拠がある」。「こんな、いい加減な事件をでっちあげて、国民の危機意識を外に向けようという陰謀だな！」。「ほほう、君は大学生だけあって、多少は頭が回るようだ。だったら、さっさと罪を認めた方が、減刑の余地も出てくるってものだろう」。「馬鹿な！　世界の世論が黙っちゃいない。インター・ネットの時代なんだぜ。弱腰外交の日本政府だって、きっと俺の無実を証明してくれる」。「アハァッハッハァ、それまでどうやっても最低二年はかかるでしょうね。この一年の国難を救うのに、君は十二分にわれわれのカードになるんだ。どんなに頑張っても、二年は拘置所暮らしなのだよ。……どうだね。われわれに協力しないかね」。男の言葉は、黒沢君にとっては驚きであった。「協力？」。「そうだよ。ホラ、このマジック・ミラーの向こうに男がいる」。

示された鏡を見ると、それは、隣室の取り調べ室の様子が伺えるマジック・ミラーであった。そこには、黒沢君の知らない、ただ同じ年齢と思われる学生らしい男が、取り調べを受けていた。

「どうだね。あの男に見覚えはないかな？　ミスター黒沢！　君はあの男と一緒になって、爆弾を空港ロビーに仕掛けた……そうだな」。「とんでもない、俺はただの観光客で、爆弾なんか知らないし、あの男も知らないんだ」。「オヤオヤ、やっぱりいまどきの学生は、頭が良くないようだ。いいかね。君が、あの男と共謀して国家騒乱を企てた、と自白して、その計画をミスター黒沢の口から明らかにしてくれたなら、君は協力的だ、ということで、何もなかったかのように出国できるだろう」。「あの、見知らぬ男は？」。「あの男が否認し続けたら、終身刑だ」。「……あの男が自白したら死刑ですか？」。「いいや、君も自白して、あの男も認めるならば、君達は……五年の懲役に五年の教育刑、合計十年かな」。

ここで黒沢君は、気が付いた。自分が秘密警察のでっち上げ逮捕だ、と容疑を否認し続けても、隣室の男がもし、今、黒沢君が誘われているように、「自白」したなら、黒沢君自身が「終身刑」にされてしまいかねないのだ。きっと、黒沢君に言われているような条件が、隣室の男にも言われているに違いない。たしかに、誠実に、知らないことは知らないと否認し続けるなら、二年はくらいこみそうだが、でっちあげの話に加担するなら、すぐ、何もなかったかのように出国して、無事に新潟に帰れる、だけれど、相手の男も「自白」したなら、黒沢君も、最低十年……青春の夢も希望も……。

さてこの場合、黒沢君は、どのような態度をとることが、合理的で賢明なことなのだろうか？

† 打算だけでは済まない

この場合、黒沢君はどのような選択をするのが賢明で合理的なのか。こうしたジレンマから私たちが得ることのできる教訓は、少なくとも、マッキーの次の言葉に集約されるであろう。

ゲーム理論による分析からわれわれが引き出したくなる一つの教訓は、打算だけでは十分でないこと、すなわち長期的な自分の利益の合理的計算だけでは、人々に相互に有益な取り決めを結ばせたり、また結んだ取り決めを守らせたりするのに、十分でないということである。(同書、一七四頁)

市民社会で通用していた自分の得を考えて行動する打算だけでは立ち行かなくなるのが、戦場のジレンマなのである。損得勘定は日常生活に満ちている。私たちが、自分のために、自分にとって有利な、自分の望むことを選択して、辛くない方法を採るのは日常の常である。したがって、戦場のジレンマも日常にいくらでも見ることができる。

4 自滅を避けようとして自滅に至るジレンマ

† 損をすることがないようにと思う場合に陥るパラドックス

加藤尚武が言うように、戦場のジレンマは、「人生の大半をカバーできるほどの、たくさんの変奏曲が作れる」〈加藤尚武『現代倫理学入門』〈講談社学術文庫〉講談社、一五三頁〉。すなわち、ズルしてでも相手を出し抜こうとする、というほどでなくても、せめて当面する相手よりは惨めな立場に立ちたくないという気持ちを抱きながら、心からの意思疎通が図られていない場合は、共倒れを避けようとしていたにもかかわらず、共倒れに陥るというパラドックスである。

このパラドックスから私たちは、損得勘定や打算だけではやっていけないことを学ぶであろう。その意味では、自らの利害を省みず、むしろ損をしてでも貫くところに倫理性があるという、ある種、伝統的な倫理観への共感を覚えるかもしれない。いささか下世話ではあるが、次のような状況も考えられる。

†したいことをしようと思う場合に陥るジレンマ――するべきことこそ肝要

栗原　自分の好きなことや、したいことをやっていて、それでおいしい結果にありつくことができればいいのですが、人生、なかなかそんな風にはいきません。やはり愚直に、しなければならないことをするってことが大切なのですが、不思議なことに、お悩み相談を受けた場合のアドヴァイスとして、よく聞かれるのが、〈人生一回なんだから、自分のしたいことをやればいいのよ〉なんて助言ですよね。

暁美　だって、先生、自分の目標を見つけましょうとか、自己実現っていうんですか、小さい頃から言われ続けてきているから、自分のしたいことを見つけなきゃ……って気持ちにもなるんじゃないでしょうか？

栗原　でもさぁ、自分のしたいことをしてたら、まるで獣だよね。〈自分のしたいことをやればいい〉ってアドヴァイスするなら、すぐに付け加えなきゃ……〈ただし、責任は自分でとってね〉ってさ。

自分のやりたいようにやって、人生うまくゆくなら、こんな楽なことはないのですけど、そういうわけに行かないから、倫理ってものも必要になってくるんじゃないかな。

玲子　それじゃあ、低きに流れて、易きにつく私たちにあっても、するべきことをするって判断をしなければならないって、先生はお考えなんですか？

栗原　相手あっての人間関係の中で、その反対をやったら、うまく行かないことをみんなが分かってくれればいいんですけどね。つまり、〈したいことだけして、したくないことはやらない〉、それに〈相手より楽でおいしい立場にいたい〉という関係を考えてみたらどうでしょう。要するに〈ズル〉だよね。〈ズル〉する場面を設定して下さい。はい。

玲子　えーっと、こういう状況はどうでしょう。彼氏が彼女のアパートに入り浸っていたとするんです。

朋乃　学生同士の同棲ね。

玲子　まぁ、そういう感じかな。で、一緒に暮らしていると、お掃除とか洗い物とか、洗濯とか、家事をしなきゃならないじゃないですか。洗濯は洗濯機がしてくれるから、まだ楽ですけれど……掃除や片付け、それに食器を洗ったりするのって、お料理以上に大変じゃないですか。私も、お料理は好きなんですけど、できたら、後片付けは誰かがしてくれたらなぁって、思いますもの。

栗原　それ、本当！　だって私は家で、愚妻が家事をサボるので、食器を洗ったり後片付けをしたりするのは、私の仕事ですからね。深夜、仕事で疲れて帰っても、食器洗いが待っているわけですよ、いや脱線しましたね。大学近辺の不動産屋さんの話では、最近は女子学生に部屋を紹介すると、男子学生が入り込んで部屋が汚れる、ってこぼしていましたね。

暁美　私も、友達の女の子の部屋を訪ねたら、障子は壊れているから外して、カーテンだけにしていたし、襖《ふすま》だって汚れているし……お料理を作ってあげるって、楽しいことだと思うけど、食べたら食器を洗わなきゃいけないし、トイレだってきれいにしておかなきゃいけないし……二人で暮らすって、そんなに甘いもんじゃないなぁって感じ、分かった気がしました……。

朋乃　そうそう、そういうこと男子ってみんな、女の子に期待するのよね。

玲子　それでね、①本来、二人で一緒に助け合って取り組めば、家事もまた楽しいし、早く片付けることができるわけですよ。洗濯物を干す場合なんて、二人ですると楽しいですよね。②ところが二人とも、サークルで帰りが遅くなる上に、午前中から授業があったりで、部屋に帰ればいちゃいちゃするだけで、家事なんて、単に掃除とか後片付けでさえほうったらかしになっちゃうんですね。③さて、男子かそれとも女子のどちらかが、洗い物とか掃除とかに勤しむとして、もう一人は、その間、一人でゲームをしてたり、ボーっとテレビを見ていたりで任せっきりにしているわけですよ。

栗原　なるほどねぇ、そんなものですか。で、この場合、二人はどう動くでしょうか？

朋乃　一方の子が掃除とか洗い物をしようとしても、もう一人がまったり和んでいたりすると、家事をするなんて興醒めだなぁ……って思って控えたり、そんなことより早く甘えちゃおうって思ったり……。

玲子　そう設定しちゃうと、戦場のジレンマにならないのよ。

栗原　そうそう、意思疎通が成り立っていて、一応、協力関係ができちゃっていることになるからね。

玲子　ですから、一人が家事をしようと思い立ったら、もう一人も、一緒にやろうって協力する姿勢を見せてくれたらいいのですが、それより自分はメールを打ちたいとか、ゲームをするとか、自分のしたいことをするのが楽しいでしょうから、ズルして相手に任せっきりにする。そうなると、一人で後片付けや洗い物、掃除をするなんて楽しくない……一緒に食べたんだし、料理は作ってあげたんだから食器洗いくらいやってくれたらいいのに、お洗濯だって私一人で二人分を干すなんて……まだ学生なのにグウタラ亭主みたいにしちゃって、手伝ってくれないんなら、私だって家事なんてしたくないのよ、掃除なんてしなくても生きていけるし、洗濯だって、週末にまとめて、彼氏がコインランドリーに持って行ってくれたらいいのに……とモヤモヤした気持ちのまま……相手の出方を待つみたいな……こんな気持ちが募る日々だったら、破局の訪れは眼に見えているし……要するに、結局、幸せつくりどころか、共倒れ……みたいな……。

栗原　いいですねぇ、ズルをしようとすると、自滅に陥るってことですよね。「ただ乗り」の問題にも重なってきますね。本当のパートナーになるには、双方とも、したいことをしていては駄目ってことでしょうか。

暁美　テストの時期が近くなると、ファミレスなんかで、一日中、一緒に勉強しているグループっているじゃないですか。だけど、様子を見ていると、関係ないおしゃべりに夢中になっていて、勉強になっていないんですよ。ですから、①お互いに、〈やるべきこと〉を自覚して勉強に打ち込むなら、お互いに授業を休んだ日のノートを見せ合ったりして、それなりに一緒に勉強する効果が上がるってものですよね。②ところが、おしゃべりに夢中になってはまってしまうと、勉強どころじゃなくって、楽しい一日が過ぎてゆくって、ところでしょうか。③さて、一人が勉強に打ち込んでいるのに、もう一人が集中できないとするんです……メールを確認したり、返信したり……そうしたら、勉強していた一人が、ますますガンガン勉強して、相手に差をつけることだってできるかもしれないですよね。だけど、そうならないんですよ。だって気になるじゃないですか。〈したいこと〉をしている方が楽っていうか、楽しそうっていうか、気になってしまって、「誰からのメール？」なんてことから話が始まって、結局、おしゃべりになってしまって……これも結局、共倒れですよね。信頼関係も、意思の疎通も、ある程度あっても、〈するべきこと〉よりも〈したいこと〉にはまってしまうと、共倒れ……。

栗原　やはり私たちの中には、共倒れに持ち込もうとする要素がインプットされているんでしょうかねぇ。加藤先生も『現代倫理学入門』の一六〇頁で、囚人のジレンマを総括して、道徳感覚の持ち主を満足させるって、お書きですよね。「利害を離れて正義を守ろうとする態度がまるでないと、正義から利害を引き出すことができない。正義は結果として利益をもたらすだろうが、それは正義が利益を離れたところから、発生することができる限りにおいてである」って。

朋乃　あのう、やっぱり、自分のしたいことをしようとすると、駄目になっちゃうんじゃないでしょうか。たとえば、ある職場で、①本来、二人で一生懸命に仕事をすれば、時間内に仕事を終えて帰ることのできる仕事があるとします。②二人とも、いい加減にサボりながら仕事をやっていると、決められた仕事をやり遂げるのにかなりの時間がかかってしまって、残業を余儀なくされたり、あるいは放り出して帰ったなら、翌朝、上司から散々叱られる上にペナルティを課せられたりするってことになってしまうのです。③一人が誠実に仕事をこなしてゆくのに対して、怠け者の相手方は、いい加減に中途でやめて、真面目なもう一人に仕事を押し付けて先に帰宅する場合、このズルして先に帰った人は楽な思いをして、アフターファイヴも楽しめるのに対して、残業してでも仕事を終えようとする一人は辛い思いをして、真夜中までかかって何とか仕上げることになります。さて、こうした条件の下で、一方が仕事をサボってアフターファイヴを楽しもうとすると、真面目な方の人は、「エーッ！私だけ残業⁉　それもこんなに沢山の仕事を一人でしろっていうわけ？　むかつくっ！　そんなんだったら私だって帰るわ」と開き直ります。すると、ズルをしようとした一人は「えっ、あんたも帰るって、そりゃマズイわ、俺たち二人とも明日はペナルティくらってしまう……そんならもうちょっとやるか」てな具合となって、真面目な人も「そうよ」と仕事に取り掛かります。ところがやっぱり、アフターファイヴを楽しみたい人は、「だけど俺、はずせない用があるからさ、ここまでやったんだから、後は頼むよ」とか何とか言って抜けようとするでしょう。そうするともう一人も、「エーッ、私だって正直、残業なんてできないってこと、分かる？　私も帰るわ」となる。するとズルしようとした人もまた「じゃあ、やっぱり一緒に片付けようか」とかなんとかいって始めるものの、こうしている間に宵の口はただだいたずらに時間だけが過ぎていって、ズルズルだらだらと仕事をして、結局、翌日は二人とも上司から叱られる「共倒れ」みたいな……。

栗原　そうですよね。〈抜け駆け〉したい、当面の相手よりは優位に立ちたい、そうした気持ちは人間の中にインプットされているようですが、それがお互いに、キリのない〈抜け駆け〉競争にはまりこむと、〈共倒れ〉を招いてしまうってわけですね。この世間、競争社会ですから、互いに何を考えているか、相手の〈本心が分からない〉まま、〈やりたいこと〉を追求していると……。

暁美　先生、私たちの三つの例ってみんな共通してませんか？　ズルしたり、抜け駆けしたり、本心からのコミュニケーションがとれていなかったら、共倒れだって……。

†戦場のジレンマを現出させる要因

上で学生たちが提起した事態も、戦場のジレンマの一種である。なぜ私たちは、こうした状況に陥るのだろうか。一方が得をすると他方は必ず損をするという状況にあっても、ただでさえ隣の芝生がわが家より緑に見えることを避けようとする私たちであるからして、なおのこと、相手より惨めな立場に身を置きたくない、自分だけは損をしたくないと思うからである。誰しもが、自滅することだけは避けたいと思う。ところが、自滅したくないという努力が共倒れに繋がってしまう。これが戦場のジレンマである。まして合理的な計算ができる場合は、他人の尽力の余禄を待った方が賢明という判断も可能であろう。他人のために自分の利益を棄てる人がどこにいるだろう？　しかし、そう考え出すとパラドックスに陥るのである。

双方が自己利益を追求するところから生じた双方の利己的戦略の組合わせから生ずる結果は、双方が非利己的な戦略を採用していたときに生じたであろう帰結に比べると、双方にとって劣る結果でしかない。（A・セン『合理的な愚か者』勁草書房、一五二頁）

自分だけ損をするのは嫌だと思って、自らの利益を守ろうとすると共倒れに陥りかねない。相反する利害関係にある場合、相手を出し抜こうとしても、また後出しのじゃんけんのように、相手の出方待ちを決め込もうという相手任せのズルも、自分の利害を第一義的に考えているなら、共倒れに陥りかねないのである。

5　信頼しあうことの大切さと難しさ

†相手任せのフリーライダーも共倒れを招く

戦場のジレンマに陥る要因は、すべての当事者が、それと同じことをしたら共倒れになるような方法で、自分自身の利益をより多く確保したいという、人の気持ちである。日常でしばしば見られる戦場のジレンマは、「ただ乗りのジレンマ」である。たとえば、夜間になると無人になる駅から、万が一、大勢の学生が無賃乗車をし続けたなら、その路線が破綻することになってしまって便数削減にでもなると、かえって大学に通うのが不便になる、というパラドックスである。自分一人くらい〈ズル〉しても、〈抜け駆け〉しても、たいして全体に影響することはないだろうという見通しのもとでの行為も、追随する人たちが出てくると、たちどころに共同は瓦解する。

寺尾台二丁目の町内会では、ゴミ・ステーションの掃除当番が、各戸順番に回ってくる。ゴミ収集車が来るのはお昼過ぎである。しかし、掃除当番が回って来たからといって、いくらなんでも午後の授業を休んで掃除当番の任を果たすのは職務専念義務違反である。とはいえ、何もしないで掃除用具を次のお宅へ回すことは、いくらゴミ・ステーションが、一回くらい掃除をサボったからといって酷く汚れたりはしないといって、「ただ乗り」しようとしても、許されることではない。なぜなら、他の人たちもそうしたズルを決め込んだら、汚れ放題になるからである。「ただ乗り」は自分を例外者と見なしてこそ成り立つものである。

共同関係の中で、自分にとって都合がよい、という損得勘定の発想で行くと、他者と齟齬を来たすか、共倒れになるというのなら、〈ズル〉や〈抜け駆け〉という形で自分だけを特別扱いすることが、徹底的に戒められなくてはならない。愚直に自らの責務を全うして誠実を貫くという態度が、共同を維持していくための倫理としては有効であるということになる。

†賢者の贈り物

損得勘定抜きに相手を思う場合はどうだろう。オー・ヘンリーに『賢者の贈り物』という小品がある。貧しく、慎ましく暮らしている夫婦がクリスマスを迎え、妻は、夫に代々伝わる時計に付けるプラチナの鎖をプレゼントしたいと思うのだが、その余裕がない。そこで、自慢の金髪を切り落としてそれを売ってお金に換え、鎖を購入する。ところが夫は、時計を売り払って、それを元手に妻の美しい金髪を飾る鼈甲《べっこう》の櫛をプレゼントしたのだ。

この話を聞くと、愚かな二人という感想を抱く人が今では多いようである。しかし、これは合理的な愚か者が陥るパラドックスではない。

この場合、経済的にこれ以上の収入は見込めない以上、現状のパイの範囲内でしか解決できない。合理的に考えれば、何も無理をすることはない。少なくとも、妻は収入がないのだから、プレゼントを貰うだけでいいではないか。ところが互いにプレゼントを贈り合うために自分の大切なものを失い、そのプレゼントは結局、無駄になってしまう。二人とも、相手のことを尊重するあまり、共倒れになったかのように見えるのかもしれない。

しかし、囚人のジレンマを援用するなら次のように考えられる。①互いに相手のことを思いやって、自分の大切なものを失っても、プレゼントを交換し合う。②貧しいのだから、分相応の暮らしをして、プレゼントの交換はしない。③一人がプレゼントを用意するものの、一人はプレゼントを受け取るだけにする。

③は、妻には収入がないのだから、やむを得ないと言えばそうかもしれない。しかし、妻が櫛を贈られる一方で夫は時計を失うことになり、いわば結果としては、妻がお利口なことになる。夫にとってはそれでも良かっただろう。だが、そこに残るのは夫の自己満足と妻の櫛である。②は、二人とも、何もない、何も普段と変らないクリスマスを過ごすことになっただろう。これに対して①は、互いに大切なものを失った一方で、時計の鎖と櫛という、新たな大切な宝物を得たのである。しかも、そこには確かな絆と信頼も添えられて。

したがって、やはり二人は、合理的な考え方をする人にはできない、賢者の贈り物を交換し合ったのである。信頼し合っていたからこそ、さらなる信頼に繋がったと見ることもできる。

ところが、私たちの日常では、自分だけが損をすることがないようにという考え方が強いため、こうした結果にはなかなか至らない。打算を棄てて正義を実現しようとしない限り、利得を得ることもできないように、自分の損得勘定を棄てて相手に尽くさない限り、互いに満足できる結果もついてこない。ただ、相手もそうするという保証がない。

6　結　び

――信頼さえもパラドックスにまみえる――

自分にとって良かれという判断で行為しても、結局は自分にとっての利得どころか、破滅に瀕しかねない。むしろ、損得計算を棄てて協調しあうところに初めて、自らにとっての有り難さもついてくる。これが当面の結論ではあるのだが、誰かがズルをしやしないか、すぐに新たなジレンマに巻き込まれる。

現実の社会問題が囚人のジレンマを提示している限り、周辺の問題がすべて解決したとしても、それが苦渋の選択であることには変わりがない。そこに「正しい」答えというものはないし、道理をわきまえた人でもそれぞれ考え方が違うからである。（パウンドストーン、前掲書、一六八頁）

それならせめて、意思疎通を図り、信頼関係の構築に努める必要がある。しかしながらここでまた新たなパラドックスにまみえることになる。仮に、冒険家としての才能や技術、経験や実績を信頼したとしても、その彼が自分の娘の配偶者としてふさわしいかどうかの信頼は別問題である。夫が浮気などしないと信頼している妻は、夫のどういう点を信頼しているのか。風貌容姿か、性格か、置かれている社会的立場か、それとも金銭的な逼迫か、はたまた体力か……。

信頼にもパラドックスが付きまとう。『賢者の贈り物』からも分かるように、信頼に満ちている関係にあっては、信頼は必要ではない。

信頼が最も必要とされるのは、「常識的」には、信頼がもっとも生まれにくい社会的不確実性の大きな状況においてであり、また「常識的」には信頼が最も育成されやすい安定した関係では信頼そのものが必要とされない。（山岸俊男『信頼の構造』東京大学出版会、一六頁）

信頼とは、互いの人間関係のなかで、自らの意図を相手に投影しながら、相手から結ばれる計り知れない関係である。それでも私たちは、他者に向けて意思疎通の架橋を試みるのである。

第三章　私たちが命を創り出すことは許されるのか

1　はじめに

生命倫理学の拠って立つ位相は大きく転換しつつある。第二次世界大戦中の人体実験への反省から、そして一九七〇年代の消費者運動から少なからず影響を受けたと思われるインフォームド・コンセントや患者の権利という問題を論じたり、腎透析を受ける優先順位に端的に見られた医療資源の配分問題を論じている間は、古代ギリシア以来の伝統的な倫理学のリテラシーでも通用した。権利論や配分論は、倫理学の、古来からのテーマだったからである。ところが、脳死の患者さんからの臓器移植や、受精卵の実験利用、治療停止の問題が大きなウエイトを占めるに至って、生死という事実の問題を倫理学によって価値観の問題として扱うことになるとともに、倫理学は新たな問題圏に直面することになった。これまでは、生死は運命の宰領する問題であったが、人間の判断による選択が迫られもする事柄になってきたからである。そこで最重要視されたのは「個人の自己決定権」である。これはいわゆる道徳的な自律とは大きく違い、功利性の観点がひそかに移入されてくることによって、これまでの倫理の枠組みが大きく超えられることになった。一人が亡くなっても、四人が助かるという荒っぽい議論がまかり通ったからである。

しかるに、〈最大多数の最大幸福〉の実現を目指す功利主義は、決定的な難点を持っている。たとえば歳末助け合いで、二百万円の募金が集まった時に、二百人に一万円ずつ配分するべきか、それとも二人に百万円ずつ配分するべきか、どちらが最大幸福なのか、導き出すことができないからである。レイチェルズの『現実を見つめる道徳哲学』には、さらにグロテスクな事態にさえなりかねない事例が紹介されている。不幸な被害に見舞われている人が自ら被害者である自覚がない場合には、〈最大多数の最大幸福〉は、気づかれないまま災いをもたらしている側に傾きかねないという。たとえば、覗き見をされているのに気づいていない人は、なんら不幸ではなく、覗き見をして喜んでいる人たちの側に〈最大多数の最大幸福〉がある、というような不条理な論理にさえなりかねないのである（レイチェルズ『現実を見つめる道徳哲学』晃洋書房、一〇九－一一二頁）。

今日では、生命倫理学が直面する問題は大きく変わり、自己決定権という個人単位の問題というよりも、ミクロな、遺伝子や、精子、卵子という言わば細胞レベルでの倫理が問題になるような事態を迎えていると言えよう。とりわけ、万能細胞とも言われるＥＳ細胞の樹立から、臓器を再生させることを医療へ応用する道が展望されるようになったことで、生命倫理の地平は大きくその姿を変えようとしている。

2　中絶胎児の細胞を医療へ利用すること

†胎児組織の医療利用

一九八八年コロラド大学で、パーキンソン病の治療のために、ドーパミンを分泌させるべく、胎児の元気のよい細胞を脳内に移植する手術が成功した。症状が改善されたのは、移植された細胞が患者に生着したからだという。体外受精卵を実験培養したり、中絶された胎児を研究材料にする段階から、胎児の組織を医療に利用する可能性が実現された転換点だったと言われている。

この劇的な治療法の開発に刺激されて、パーキンソン病の父親を持った女性が、重症の父親を思うあまりに、父親の精子を使った人工授精によって彼女が妊娠して、その胎児を中絶すれば遺伝的にもきわめてよく似た細胞を父親に移植できるという計画を立てた。父親は苦慮した末に、娘の提案を斥けたという。糖尿病に苦しむ女性が自ら妊娠して中絶することを発案したという別の例もある。自らの胎児を中絶して、中絶胎児から取り出した膵臓の細胞を自分の膵臓に移植することで、糖尿病を治したいと考えたわけである。自分の胎児を自分で使ってなぜ悪いという発想であるが、これは医師に止められたそうである。これらは、自ら身籠った胎児を中絶することによって医療手段として利用しようとした例である。

†医療手段として用いられる子ども

一九九一年には、白血病になったわが子の治療に必要な骨髄を得るために、もう一人子どもを生んだケースが報告された。この場合、医療手段として使われた胎児は誕生に至ったうえに、治療も成功したという（大脇博善『ES細胞――万能細胞への夢と禁忌』〈文春新書〉文藝春秋、一一二－一一三頁参照）。

ただ、いずれにしても、生まれたなら人間としてその尊厳が保証される胎児が「手段」として用いられた例である。手段としてその人を使うということは、その人自体が目的なのだと見るカント倫理学の考え方に全面的に背反する。人間を「手段」として、代替可能な存在と見ることになるならば、人格の尊厳にもとるというのが、カント倫理学の枢要である。ところが、医療技術の進展によって、胎児は中絶された上に、医療資源として利用されかねない。胎児だけではない。死者の人体も医療資源として有効活用されている国もある。

現在、日本産科婦人科学会では、妊娠十二週未満の中絶胎児については研究利用を認めている。いくつかの病院では胎児組織の移植という臨床応用も試験的になされている。その対象もパーキンソン病だけでなく、アルツハイマー病、糖尿病、白血病などに及び、皮膚移植なども試みられているという。しかしながら、こうした治療法の前提として、中絶された胎児の存在がなければならない。すると、胎児の尊厳や生存権という問題が発生する上に、胎児の〈死〉のうえに成り立つ医療は倫理的に許されるかという、難問に直面することになる。

†中絶胎児の実験利用をめぐる論争

中絶胎児や余った胚の医療利用に関しては、従来から、倫理的な問題が指摘されるとともに、論争が行なわれてきた。もっとも良く知られているのが、ジョン・ハリスの功利主義的な議論と、これに対するメアリー・ワーノック女史の論駁であり、彼女の観点は、有名なワーノック委員会報告（一九八四年）に具体化されている。

すなわち、ハリスによれば、余った胚や胎児を利用することが許されるキーポイントは、胎児はいつから人格になるのか、という点だという。「自らの生命を尊重する能力のある個体」（『バイオエシックスの基礎』東海大学出版会、七一頁）であることを満たさなければ人格でない以上、人体であるとはいえ「単なる細胞の塊」であるからして、研究や治療にこれを用いても何ら問題はない、まして、中絶された胎児や余った受精卵に対して両親はすでに所有権を放棄している以上、その用途に対して何らかのことを主張する権利はない、というのである（同書、七七頁）。これに対してワーノックは、ハリスによる人格の定義では、老人や子どもはおろか、自殺願望の人まで人格から除外することになると反論、「いっそ「人格」の概念をいっさいやめて議論した方がいいのではなかろうか。「person」なる概念は、混乱を招くばかりでなく余計な代物なのである」（同書、七一－七二頁）とする。

意識の同一性を示す概念として、はたまた責任や権利が帰される主体を意味する概念として、近世になって導入された「人格」という概念が、生命倫理学が取り上げる問題圏では、生存権が認められる責任主体という意味合いを持っているのも事実である。ワーノックは、中絶胎児の実験利用について、両親が胎児の生存を望まなかっただけであって所有権の問題ではないことを指摘して、「道徳感情侵害」を考慮することを主張している。気持ち悪い、ぞっとする、いやな感じ、という印象を与えることそれ自体が、道徳感情を侵害するという論点である。決め手になるのは彼女の理性ではなく感情であり、「その感情は尊重されねばならないということである。このこと自体が一つの道徳原理なのであり、まさにこの原理に則ってこそ、人間による人間の正しい処遇の在り方も決定される」（同書、七九頁）。こうして、ワーノック委員会報告では、余った胚について実験が認められるのは、受精後十四日までとし、胚の提供者のインフォームド・コンセントを得ることなど、厳しくかつ詳細な制限を課している（メアリー・ワーノック『生命操作はどこまで許されるか』協同出版、一四二頁以下参照）。

†人体組織の利用

この議論は、中絶の道徳的な正当化をめぐってなされているのではない。受精卵や胎児は、やがて成長するならば人間として生まれてくる存在である以上、それ自体を目的として大切に扱われるべきであるにもかかわらず、手段として利用することは倫理にもとるという考えが背景にある。まして胎児の場合、中絶されることで可哀想な上に、酷いことだという感情も混じってくるであろう。中絶胎児を医療や実験のために利用することにはあまりに問題が多い。

これに比べると、出産に伴って廃棄される胎盤と臍帯《さいたい》に含まれている臍帯血には、造血細胞が豊富に含まれていることから、この臍帯血輸血によって白血病の治療に役立たせようというのは、赤ちゃんが一人、生を享けて誕生する喜びに加えて、また別の患者さんの治療に役立つというのであるから して、喜びの倍加になり、倫理的に見て促進されるべきであろう。ところが、臍帯血バンクの維持・運営にはコストがかかるという理由で普及していないことは、残念な現実である。功利主義的な発想が実現されるには、経済的な旨味が前提にならざるを得ない。これに対して、中絶された胎児の組織や脳死の患者さんから摘出された臓器を医療に利用することをせずとも、移植医療を実施する方法として期待されているのが、ES細胞、さらには、iPS細胞の樹立に基づく再生医療なのである。

3 胚性幹細胞（Embryonic stem cell）の樹立

†ES細胞の可能性

ヒトES細胞は、ヒトでは受精後五－七日程度、マウスでは三－四日程度の初期胚の細胞を培養して得られる人工的な細胞で、マウスにおいては一九八一年にケンブリッジ大学で樹立されたのが最初である。一九九八年二月にヒトES細胞が確認されて以来、激しい研究競争が続いている。約六十兆の細胞から成ると言われるヒトの体も、もともとは一つの細胞である受精卵からできている。すなわち受精卵は体全体を形成する能力を持っていて、ES細胞は、体外受精により作成された受精後五－七日のヒトの受精卵から一部の細胞を取り出して、培養されて作られる。そのまま子宮に移植されてもヒトになることはないが、さまざまな条件下に置かれることによって、神経細胞や筋肉組織やその他の臓器に分化する能力、すなわち多能性を持っていると言われる。

これによって、「再生医療」という新たな医療の可能性の扉が開かれることになった。たとえば、心筋梗塞によって壊死《えし》した組織を、ES細胞から分化させた心筋細胞によって補うという治療法が試みられている。また、脊髄損傷によってダメージを受けた神経細胞を補う研究もすすめられている。さらには、パーキンソン病の治療のために、ドーパミンを分泌する細胞を作ったり、糖尿病の治療のためにインシュリンを分泌する細胞を作ったり、アルツハイマー病の治療薬を作る研究などが行なわれているのである。

†凍結受精卵並びに中絶胎児の実験利用

これらは、体外受精を行なう際に生じる余った胚を、当事者たちから書面でのインフォームド・コンセントを得た上で提供を受け、その研究も厳密な条件下で行なわれるべきことが、平成十三年の文部科学省告示第一五五号「ヒトES細胞の樹立及び使用に関する指針」にて定められている。再生医療への利用研究を目指して、受精卵の提供者側にあたる日本産科婦人科学会は、二〇〇一年十二月十五日に、これまで生殖医療以外の目的で使用することを認めていなかったあまった凍結受精卵について、当事者たちの同意の上で、ES細胞研究に提供することも認める旨、「会告」を変更し、さらには、妊娠十二週未満で中絶した胎児を、人間の尊厳に配慮しつつ、研究目的で使用することを認めて明文化した。妊娠十二週以上で中絶された胎児は、「死体解剖保存法」の規定で死体と見做されていて、利用は限定されているが、十二週未満の胎児についてはこれまで規定されていなかったからである。すでに、国立大阪病院が、胎児から神経幹細胞を採取して、産業技術総合研究所ティッシュエンジニアリング研究センター細胞工学チームがその大量培養研究を始めているという。慶應義塾大学医学部でも、中絶胎児から取り出した神経幹細胞によって、脊髄損傷の事例における機能回復治療実験を進めていると伝えられている。

これらについては、従来から議論がなされてきたように、受精卵さらには中絶された胎児の取り扱いをめぐる倫理的な難問が払拭しきれていないことが指摘されてもいる。ヒトの生命の萌芽であるヒト胚を「滅失」させてES細胞を樹立することは、生命への尊厳の観点で問題が残る、というわけである。こと、中絶された胎児の利用となると、やはり〈いずれ生まれることもできたであろうにもかかわらず、あまりにかわいそう〉という気持ちを拭いがたいのも理解できる。しかし、体外受精で用いることのできなかったグレードの低い受精卵を用いてES細胞の樹立を目指すことにはまだ、倫理的な問題が少ないと言える。すなわち、体外受精卵のグレード次第では、着床が期待できないとして、初めから廃棄されざるを得ない受精卵が出てくるからである。そうした受精卵を、たんに廃棄されるだけの運命から、何らかの形での命にあずからせたと考えることもできるかもしれない。

とはいえ、文部科学省も、ＥＳ細胞樹立にあたって「受精卵を壊さなくてはいけないという倫理的問題」に配慮しているからこそ、受精卵をＥＳ細胞を樹立するために壊すことを、「滅失」と表現したのであろう。事態は受精卵の破壊に間違いない。かといって、これをもって、生命の萌芽を破壊することだと一概に見なすことはできない。なぜなら、そもそも、着床することが期待できないグレードの受精卵さえあるからである。むしろ、倫理的な問題があるとすると、別の問題が考えられる。

†ヒトクローン胚からのＥＳ細胞樹立

つまり、受精卵の滅失にも増して懸念されるべきは、クローン人間の産生という問題に接近していることである。すなわち、核を取り除かれた未受精卵に、患者さんから体細胞を採取して、その核を移植してできたヒトクローン胚から胚性幹細胞を樹立する研究が進められているのである。これによって、「オーダーメイドＥＳ細胞」を作って、そこから患者さんに必要な組織や臓器へと分化させて治療に用いようというわけである。これについては、未受精卵の提供を受ける女性へのインフォームド・コンセントが必要であるのは大前提である。さらに、核移植されてできたクローン胚については、ＥＳ細胞を樹立することなく、そのまま子宮へ移植されるなら、いわゆるクローン人間ができることになる。クローン人間産生については平成十二年十二月の「クローン技術規正法」によってクローン胚等の体内への移植が禁止されている以上、これについてのチェックは厳密に行なわれなくてはならない。一つの手順を加えるだけでクローン人間産生に至る技術をいかに制御するのかと考えると、実施に当たっては厳重な管理体制が必要になる。

なぜクローン人間を産み出すことがいけないのか、確立した議論は実のところまだない。とはいえ、筆者と同じクローン、といっても、何十年も若い個体が、今、仮にどこかで産声を上げたとしよう。やがて長じてそのクローン人間が子どもを持つに至って、オリジナルの栗原隆は、クローン人間を作るための体細胞を安易に提供したことを後悔するであろう。あるいは老境にあり、身体の不調に悩まされている栗原は、青年のクローン栗原の行く末を案じるであろう。まして、オリジナルの年齢情報をクローンが引き継ぐというのなら、還暦を前にした筆者のクローンを作ることはまことに残酷な話だと言えよう。

可愛がっていたペットのクローンなら創り出しても構わないと考える向きは少なからずあるだろう。それなら、可愛がっていた子どものクローンなら、あるいは愛しい恋人のクローンなら、創り出しても構わないだろうか。可愛がっていた子どもでさえ、いや可愛いがって育て上げたからこそ、のっぴきならない亀裂が生じて、いとし子の出奔ということにもなりかねないのが現実であるし、愛しいと思っていたにもかかわらず、一度と顔を見たくない、声さえ聞きたくないというように、心変わりをしかねないのが人間の定めである。そうなると、ただ、可愛いから、ただ愛しいから、のためだけに創り出されたクローン人間は、どういう境遇に追い込まれるのであろうか。

臓器の再生にしても、仮に応用実験を進めてゆく際には、生命を救う治療への応用を目指すものであって、生命の尊厳を保たれるものでなくてはならないという条件のもとで行なわれるべきである。

その場合、再生させることが許される組織はどこまでか、という問題も将来的には生じるに違いない。脳の再生というのは夢物語にしても、自発呼吸を司る脳機能の再生ということがあり得るとしたら、その時には、脳死からの臓器移植の位置づけはどうなるのであろうか。

†成人細胞による再生医療

ＥＳ細胞の樹立に関しては、それが個体になり得る「全能性（totipotent）」をもつものではなく、あらゆる組織になり得る「多能性（pluripotent）」にすぎない以上、「生命の萌芽」ではないとする立場がＥＳ細胞の研究者から打ち出されている。しかしながら、ＥＳ細胞を「特殊な細胞とはいえ、それ自体はヒトの萌芽ではなくただの細胞である」[1]（中辻憲夫）という発想は、本人がいかに厳格な倫理をもって研究にあたろうとも、ともすると、クローン人間の産生という、踏み越えてはいけない一線に、それもハードルの低い境界に接していることの認識を薄れさせ、ひいては研究者をして越境することへの禁忌を忘れさせる危惧を抱かざるを得ない。生命倫理学は、こうした先端技術の「評価」を怠ってはならない。ただ、再生医療そのものは、実のところ脳死の患者さんからの臓器移植より、問題がまだ少ないと考えられるのである。なぜなら、他人の〈死〉を期待しなくてもいい上に、普遍的な恩恵をもたらすことが期待され得る技術だからである。

二〇〇二年一月二十三日に発表されたイギリスの科学誌『ニュー・サイエンティスト』のオンライン記事によると、アメリカのミネソタ大学幹細胞研究所のキャサリン・ベルファイは、成人した人間の骨髄細胞からES細胞と同様にあらゆる細胞や組織に分化する可能性のある万能細胞を発見したという。これによると、成人からでさえ、自らの免疫機構にかなった組織を作る可能性が生じたことになり、倫理的な問題が指摘されるクローン胚の作成などを経ずにすむことになる。

二〇〇七年十一月二十日、京都大学再生医科学研究所の山中伸弥たちが、アメリカの科学誌『Cell』の電子版で、そして同じ日に、ウィスコンシン大学のジェームズ・トムソンたちのチームは、アメリカの科学誌『Science』の電子版で、ヒトiPS細胞（induced pluripotent stem cell　人工多能性幹細胞）を作り出すことに成功したことを発表したのである。これによって、受精卵の破壊を伴うES細胞の樹立という段取りをとらない技術、すなわちiPS細胞からの臓器再生を目指す試みとともに、体細胞を初期化する安全な方法の模索が続けられている。

†モラル・ハザードへの慎み

iPS細胞は、体細胞を初期化して作られるため、ES細胞の樹立に際して、巷間指摘された倫理問題については、クリアーするものと言える。しかし、バイオテクノロジーや先端医療だけでなく、新技術を開発することに携わる研究者には、厳しいモラルを自分に課すことが求められよう。韓国で虚偽の研究成果が公表されていた事件も周知のとおりである。また激しい開発競争の中で、一時の功名心に焦って、新しい技術を、安全性を確認しないまま、実用化しようと試みることは厳に慎まれるべきである。そして一般市民は、そうした研究状況に常に関心を抱くことが必要である。なぜなら、脳死の患者からの臓器移植と違って、再生医療は、すべての人に関わってゆくことのできる技術だからである。

4　臓器移植から臓器再生へ

† 臓器移植の難問

脳死の患者からの臓器移植は、生命倫理学の中心的な問題の一つであった。その問題の根底にあったのは、脳死の患者さんに対して感じ続ける「生命の繋がりと畏敬の念」であっただろう。脳死という不可逆的な状態が厳然として存在していることは認めた上でも、そうした〈人の気持ち〉が、脳死の患者さんに人の手で「死」をもたらすことが憚《はばか》られたのである。揺れる人の気持ちの問題を倫理的に正当化する手立てが、個人の自己決定権に立脚する倫理システムであった。自己決定権という名の下で尊重されたのは、人間の身体をいとおしむ人間共通の感情を、功利的な目的のために抑えることを合理化することにほかならなかった。自己決定権を尊重する考え方はまた他面、公共のエートスに根差す倫理を、個人単位のシステムに変貌させてしまうことにもなった。

自己決定権は、自律と重ねあわされて見られてきたために、道徳的な手続きのように思われてきた。しかしながら、本来の自律は、あるべき理想に向けて自らの欲求を抑えることによって、理想の実現に向けた克己にほかならない。今日の自己決定権は、自律から大きく逸脱していることはもとより、自らの〈したいこと〉を追求するならば、エゴイズムの正当化に繋がりかねない。

「権利」概念からして、一般市民が共同する自由を正当化するために発明された概念であった。そうした権利がフランス革命を契機に、個人のレベルに引きおろされたという歴史的経緯がある。その場合に、理想に向けた厳しい自律を実現してこそ、権利主体たり得た。ところが、ただ個別者の個別的な欲望を正当化する概念装置として、今日では「権利」が見なされてしまっているところにも問題はある。そうはいっても、脳死に陥った患者の家族の同意だけで臓器移植が可能になるということは、自己決定権でさえ認められないことにもなる以上、臓器移植から倫理的判断が姿を消し、技術的判断が支配することになることだとも言えよう。倫理は必要の前に無力であってはならない。

†移植医療による医療のパラダイムチェンジ

重要視されなくてはならない〈人の気持ち〉の問題をたとえ捨象したとして、脳死が現行法では個人の死だとされたにせよ、まだ懸念が残るのも事実である。「ポイント・オブ・ノーリターン」を先へ先へと推し進めるところに救命医療の進歩があったのに対し、脳死からの臓器移植は、そうした動きに逆行するものである。また、比較的少数の患者を救おうとする高度かつ高額な医療であるだけに移植医療への研究ないしは実施体制に予算や施設、人的資源を用いることは果たして有効か、医療を受ける機会均等の理想にそぐうかという懸念も残る。となると、経済的な境遇いかんを問わず、できるだけ国民平等な医療を、という今日の日本の優れた医療体制がなし崩しになる心配も残る。

移植臓器の配分にあたっても、これまでの医療のパラダイムを崩す形で配分されざるを得ない。すなわち急患の方を優先的に治療するというあり方からうかがえるのとは違い、緊急を要する重症の患者から優先的に移植するということはできない。ここに配分の今日的問題が生じている。たしかに、臓器の適合性や地域的な問題などがあるだろうし、待機リストへの掲載順ということも考えられよう。また、扶養家族の人数の多い人を優先するとか、社会的な貢献（をした、あるいは為し得る）という基準も可能かもしれない。自己管理の問題、職種の問題、成功率なども勘案されよう。どの基準で臓器を配分したら善いのか、何ら議論のないまま、今日に至っている。

† 臓器提供をめぐる難問

そして、脳死の事例が頻出するものではない以上、そもそも、提供臓器が多くなることは期待できなかった。さらに、臓器提供の手続きは、「自己決定権」に基づいていることから、十五歳未満の子どもの脳死患者からは、臓器の提供はなされないできた。十五歳未満の子どもには、遺言書を書く権利が認められていないことを援用して、ドナーカードを書くことが認められなかったからである。

逆に、子どもからの臓器移植も可能にしようとすると、子どもに自己決定権を認めるのか、逆に親に子どもの身体に対する権利を認めることにするのか、が問題にされた。たしかに、子どもとは何歳までのどういう人を言うのかということは一筋縄では決まらない。しかし、子どもは、外からの危害から守られなくてはならないのと同様に、自らが自らに為すかもしれない危害からも守られなくてはならない。子どもに対する保護の責任に鑑みるなら、自己決定権を認めないことが子どもの保護に繋がるとも言えるからである。しかしながら、倫理は、必要の前に無力であってはならない。しかも、子どもの場合には、脳死判定が難しいことや、長期にわたって脳死のような状態を維持したまま「成長」を続ける子どもの患者もいることから、従来は、六歳未満の子どもに関しては、そもそも臓器移植を前提とした脳死判定は行なわれてこなかった。

ところが、二〇〇九年七月十三日に、参議院本会議で、臓器移植法改正案が可決された。このことを受けて、家族さえ拒まなければ、年齢に関係なく、脳死の患者から臓器を摘出することができるようになった。もとより臓器移植には、遺体を傷つけたくないという、日本人の身体観には馴染まない部分がある。事実上、人の死という不幸をあてにしているようで、いじましい感じが残るのも事実である。使えるものは何でも使ってかまわないという発想だとしたら、あまりに乱暴である。それに対して、再生医療には、仮に、体外受精での余った胚を利用したところで、脳死からの臓器移植に比べるなら、倫理的な問題は少ない。しかも、普遍的な応用が期待できる技術であることに鑑みるなら、脳死の患者からの臓器移植は、二十世紀の末に一時的に緊急避難的に実用化された、荒っぽい乱暴な医療技術というように歴史的に総括されるかもしれない。

†再生医療における安全性という難問

樹立されたＥＳ細胞やｉＰＳ細胞から必要な組織を分化させて治療に応用するということについて

は、脳死の患者さんからの臓器移植に比べて、倫理的な問題点は少ない。かといって、そうした実験研究のそれぞれには、必然性や倫理的な裏づけが可能かということが、見極められなくてはならない。二〇〇二年一月二十九日に京都大学は、医科学研究所の笹井芳樹と中辻憲夫らが、カニクイザルのES細胞からドーパミン神経細胞と網膜色素上皮細胞を分化することに成功したと発表した。すでに細胞移植医療への道は歩みだされているのである。

動物の胚にヒトの細胞を入れてできた〈動物‐ヒトのキメラ胚〉は、人間の組織や臓器を作らせることに用いられる。実際、アメリカとイギリスで、人間に移植した際に起こる拒絶反応を抑えるための遺伝子操作を行なったクローン豚が誕生したと伝えられているのは、この方法によると思われる。日本でもほうれん草の遺伝子を組み込んだ豚が誕生したことが、二〇〇二年一月二十四日に報じられている。肉質改良のためとのことであるが、人間に移植することができる臓器などの医療への応用を睨んでのことであろうと思われる。

しかし、「再生医療」には、安全性の面で重大な危惧があることを指摘しておかなくてはならない。どのような細胞にも分化できて、無限に増殖するという性質を持つES細胞やiPS細胞の医療への応用については、これを制御する方法はいまだ確立されていない。したがって、がん細胞になる危険性が指摘されている。さらに、動物を用いる場合には、未知のウイルスの危険性も考慮に入れておかなくてはならない。「再生医療」は安全な技術かどうか、まだ未知数なのである。したがって、倫理性が問題とされる以前に、安全性こそが心がけられなければならないことを忘れてはならない。

5 結び

†なによりも安全

安全には、一部の安全性が破壊されても全体としての安全が保たれる「フェイル・セーフ機構」、そして、誰にでも使いこなすことのできる「フール・プルーフの構造」などが指摘されている（村上陽一郎『安全学』青土社）。また、安全設備や倫理意識による「囲い込み」（加藤尚武『二一世紀への知的戦略』筑摩書房）の必要性も強調されている。未知の分野を切り開く先端技術の研究者には、安全性の見地からもとりわけ倫理意識の涵養《かんよう》が求められよう。そして本来は内部告発を意味する概念であるが、「ホイッスルブロウ」の倫理も京都大学の水谷雅彦らによって提言されている。すなわち危険性が予想されるなら、専門家はその良心に基づいて、危惧される事態とその合理的な論拠を発表しなければならない。

†再生医療の公共性と市民の教養

一部の重篤な病気にのみ適用される移植医療とは異なり、再生医療は多くの人に開かれた医療になるであろう。それだけに、公共性に裏打ちされた技術革新であることが望まれる。京都大学人文科学研究所の加藤和人は、「ヒトクローン胚と幹細胞研究」（『世界』二〇〇二年三月号）にて、「生命科学関係の学部・研究所を持つ大学に、「科学コミュニケーション」を研究および実践する部門（研究室）を作るとよいのではないか」（同書、九八頁）と提案している。加藤の言うように、「広い分野の市民が生命科学について日常的に考えながら、医療や生命に関わる技術が発展していく。そんな仕組みを作ることが、今、必要とされている」としたら、生命倫理こそが公共の観点から技術を評価することが求められることになろう。生命倫理は、開発される新たな技術が倫理にかなったものであるかを評価し、進めるべきか否か判断を下すことを問われている。そして市民一人ひとりが、こうした問題に対して、関心を持ちながら考えてゆくことが求められよう。

†倫理に照らして技術を評価する部門の必要性と市民の教養

その場合、生命倫理の拠って立つ原理はこれまでのように、個人の自己決定権ではすまない。なぜなら、問題になる対象が臓器や身体という個人レベルから、細胞レベルにまで小さくなることによって、むしろ普遍的な生命の根幹に迫ったからである。一人ひとり、ケース・バイ・ケースに応じて自己決定権に基づいて倫理的判断を下すということは、再生医療の倫理にあっては妥当性を欠くことになるであろう。私たちが生かされている大元の「生」に迫る問題であるとともに、臓器移植と違って、特殊な医療に留まるものではなく、広く普遍的な応用が予想されるからである。

今こそ私たちは、全体的な生命観の樹立が求められていると言えよう。ＥＳ細胞あるいはｉＰＳ細胞による再生医療の無限な可能性は、「生」という大義に照らした倫理が、これからの生命倫理の基軸にならなくてはならない現実を明らかにするとともに、「個人の自己決定権」の虚構性をも照射しているのである。

（1）　http://homepage2nifty.com/jyuseiran/main.html

第四章　私たちが他人に共感するのはどのようにしてか

1　はじめに

私たちはみな、自己実現を模索し、自らの生活を成り立たせ、自らの目的や願望を実現することを通して、自分の幸福を目指している。その意味では、私たちは、たんなるわがままではないにせよ、ある種、エゴイスティックな面のあることは否定できない。しかしながら、市民社会では、そうした利己主義者が集うからといって、エゴの衝突ばかり起こるかというと、合理主義的に振る舞おうとするなら、他人と協調せざるを得ず、自分勝手ばかりを押し通すわけにはいかないことに誰しもが気付いて、社会生活を構築することになる。反面、利己的どころか、自己犠牲的に振る舞うこともまた、人間の行動の特徴である。自らを犠牲にしてまで大義の実現を図るとか、手助けの必要な方へのケアを図るとかいう場合である。他人のために身を尽くす行為は、いろんな行為の中でも飛びぬけて「美しい」。それは〈心が豊かで美しい〉人しかできないことなのだろうか、それとも、エゴイスティックな考え方のままで、自らの生活を実現する手段として自らを投げ打って献身的に人助けにあたることもできるのだろうか。ケアが成り立つメカニズムと、その〈心〉について問う。

2　他人の痛みは分かるか、心はどこに存在するのか

†他人の痛み

他人の痛みは分からない。私の歯が痛む時、隣の人は快適に過ごしているかもしれない。私の足が痛くて、歩くのさえ辛い時、ひょっとすると足を引きずっていることで、足が痛そうだということが察知されることもあるかもしれないが、それでさえ、私の足の痛みを他人は感じることはない。ひょっとすると、あなた自身は人間でも、隣の人はアンドロイドかもしれない、いやロボットかもしれないし、異星人かもしれない。私たちは他人については何一つ自分のことのように知ることができない。それでいて、おおむね経験上、周囲の人びとが自分と同じ人間であると想定して、振る舞っている。

だがそれは、思い込みでしかないかもしれない。なぜかというと、私がワイシャツの胸ポケットに入れておいた小銭がポケットに開いた穴から落ちて、体を滑り落ちてゆくのを止めようとおなかを抱き

かかえた時、人は、私が腹痛に苦しんでいると思うかもしれないし、目にゴミが入っただけなのに、ウインクしたと思われるかもしれないからである。

私たちは、他人の痛みを何ら体験することはできないが、ある程度は、その身振りや仕草を通して、さらには言葉による説明を聞くことを通して、自分の体験を振り返りながら、それに基づいて類推する。とはいえ、主観的な根拠に照らし合わせての類推であるからして、相手に生じている事態を言い当てることもあるかもしれないが、外れることもある。私たちは、他人を類推することしかできないのかもしれない。痛みだけでなく、相手の気持ちや感情でさえ、私たちに直接分かることではない。

それだけではない。言葉でコミュニケーションを図る時でさえ、相手を理解したと思っていても、実は自分の理解でしかないことも多い。「今日はいい天気だ」（森本浩一「他者を理解する技倆」『現代思想』一九八九年三月号）と私が言ったと理解された場合でも、私は「拙論をまとめた本書が刊行された今日は、私の倫理学研究にとっていい転機だ」という意味だったかもしれない。「コミュニケーションが「うまく行っている」時、われわれは「合意」が成立していると言うのであり、われわれは「合意」が成立するから「うまく行く」のではない」（同書、一三二頁）という。つまり、コミュニケーションは結果オーライの世界であって、あらかじめどうしたらうまく行くのか分かった上で行なうものではない。そうした限界があればこそ、コミュニケーションの必要性が生じ、またコミュニケーションを成り立たせることが重要にもなるというものである。言語によるコミュニケーションがうまく行くからといっても、それは、経験からして、他人は自分と同じように話す傾向があるという程度のことで理解しあっているにすぎないのかもしれない。そのことは、次の俳句の例からも明らかである。

†文字列を俳句たらしめるもの

古寺に　斧こだまする　寒さかな
わが恋は　空の果てなる　白百合か

これを読まれた方は、何らかの感慨を抱かれたことであろう。だが実は、この俳句はコンピュータで文字を配列しただけのものなのである。きわめて簡単なプログラムだというが、デモンストレーションしているところに来た客が、「ヒヤヤッコ」と入力したらたちどころに、

冷奴　我が影にさす　酒の酔い

と答えたという。それを見ていたご婦人が、それでは私もと「夏草や」と入力したら、コンピュータは今度は

夏草や　盛り過ぐらむ　身の嘆き

と応じたという嘘のような本当の話が報告されている（水谷静夫「国語研究と計算機」『理想』一九八三年十二月号）。

つまり、出てきた俳句めいたものは、実はたんなる文字列である以上、作者は誰かということをとりあえず言ってしまえば、コンピュータである。しかしながら、それを見て私たちは「俳句」だと思い、何ごとかの感慨を読み込む。その意味では、コンピュータが出力した文字列を、俳句という作品にしあげるのは、読み手である客ということになるかもしれない。

†作者についての「実体論的把握」と「関係論的把握」

たとえば、この場合、文字列が俳句だと思われようと思われまいとに関わらず、作者というものが存在していると見なす立場もあろう。そうした立場では実際の作者はコンピュータ、あるいはプログラマーということになるであろう。こうした立場をさしあたり、作者についての「実体論的把握」と整理しておこう。

これに対して、作品というものは読まれることによって初めて成立するのであって、作者とは厳然と実体のように存在しているのではなくて、読まれ、作品と見なされてこそ作者というものが、俳句の背後に虚焦点のように想定されるのであるからして、文字列を読み取り、解釈して、理解して、思いや感慨を抱くことを通して、作品を作品たらしめるのは、実は読み手自身の心情や思想や体験にほかならないとする立場も可能である。こうした考え方によれば、作者は読み手になる。これをさしあたり、作者についての「関係論的把握」と整理しよう。

作者がまこと立派な俳人であるならば、誰もがそれをたんなる文字列としか見ない場合であったにしても、それは見事な作品だと考えることもできるかもしれない。しかしながら、感動が伝わる、ということによって作品が成立すると見るならば、重要なことは、いかに創作行為を行なうかということではなく、むしろ、ある文字列を「読み手」が俳句として読んでしまうということである。つまり、逆説的に言うならば、感動が伝わることを前提とするなら、その情報を作品たらしめるのは、発信側ではなく、受信側だ、ということである。大切なことは、いかに表現するかではなく、いかにそれを受けとめるか、ということだとも言えよう。たしかに、その文字列がある程度の形式を整えていなければ、何も感動を生まないどころか、支離滅裂な文字の連なりでしかないと思われる場合もあるかもしれない。しかしながら、その文字列を俳句として読むという行為が介在しなければ、読者がその作者について云々《うんぬん》することは決して成り立ち得ないのである。

もし、先ほどの文字列について作者の心情や状況に思いを馳せていたなら、その時、自分なりにその言葉の羅列を、俳句だと解釈して、その上で、作者の気持ちを類推したのであろう。しかし実際には、作者どころか、発句の状況さえなかったのである。普通なら、理解し合えると思える言葉によるコミュニケーションでさえ、これである。相手への思いやりというものがいかに不確かなものであるか、ということは推して知るべしである。

†心についての「実体論的把握」と「関係論的把握」

同じことは、人間同士の関係にも当てはまると言えよう。相手の気持ち、いやあえて心と言っておこう。心というものはどこにあるのか、どうやって理解できるのか、という問題である。

心の在り処について、ある存在者、人間なりコンピュータなりペットなり、相手そのものに内在している何らかのものだ、と心を想定する立場は「実体論的な把握」だと整理できよう。これに対して、心とは他の存在者との関わりの場において成立する解釈の対象なのだ、とする立場は「関係論的な把握」ということになろう（黒崎政男「知能を論じる二つのレベル」『現代思想』一九八七年七月号）。

ここでイライザ（ＥＬＩＺＡ）問題について紹介しておこう。マサチューセッツ工科大学のジョセフ・ワイゼンバウムが一九六六年に開発したプログラムで、キーボードの操作者があたかも人間と対話しているかのように錯覚を呼び起こすものである。とはいえ、その反応は簡単なもので、つまり、鸚鵡《おうむ》返しにコンピュータが出力してくるわけである。たとえば、「今日は疲れてしまいました」とキーを叩くと、「どうして疲れたのですか」と返ってくる。「授業が二つに会議が一つ、それに学生との面談がありまして」と叩くと、「授業が二つに会議が一つ、それに学生との面談があったのですね」と返ってくる。他愛のない鸚鵡返しである。が、実にこれが、発明者のワイゼンバウムの助手を夢中にさせた、という。助手はイライザと会話することに夢中になって、しかもその際に、ワイゼンバウムに「部屋から出て行って欲しい」と頼むまでになった。つまり、イライザと心の秘密を打ち明ける会話を楽しんだというのである。

もちろん、助手は機械に心があると思ったからではなく、たんに好奇心から、この対話を営み続けたのかもしれないので、これをもって一概に心の存在について、何らかの結論を導き出すことは拙速に過ぎるであろう。しかし、鸚鵡返しであっても、相手は自分の話を聴いてくれると思い込んだのだ。そうすると、相手が機械であろうと、夢中になってしまったという訳である。これが人間同士なら、もっと効果がある。相手が自分の話を聞いてくれる、自分を認めてくれると思うきっかけは、自分の話を聞いてくれると感じたからだ、と言うことができよう。たしかに、話を聞いてくれると思ったということと、実際に心は関係論的観点において成り立つということとはまた別問題である。ただ、次のようなことは言えるだろう。

†ペットの心

〈犬と会話ができる〉と、〈犬には心がある〉と思っている人がいる。実際に犬と会話を楽しんでいるように見えもする。たとえば、その人は、自分の論文の出来が良いか悪いかをその犬に訪ねる習慣を有している。その犬は良い出来の論文の場合には機嫌よく「ワン!」、そうでない場合には「クーンッ」となく。その人は、自分の犬は自分の論文の出来を判断できる理解力さえもっていると思っている。つまり、犬には心があるとする「実体論的把握」である。しかしながら、心についての「関係論的把握」に立つ人ならば、〈その犬は優れた知能を有していると飼い主は思っているかもしれないが、実はその犬は、たんに飼い主の満足そうな表情を見て行動しているだけであって、実際に心を持っているわけではない〉と判断するであろう。つまり、関係論的に〈心がある〉ということは、こうした場合の認識のことであって、〈実体論的に心を持っていない〉ということなのである。そして実際、私たちはどこにも心なるものを持ち合わせていない。それでいて、心無い振る舞いにならないためには、〈関係論的に心がある〉と思われることが大切だ、ということになるわけである。

たとえば大澤真幸は「心の社会性――機械の心・人間の心」(『現代思想』一九八七年四月号)で、「「心」を持ちうるような「機械」の出現は、それを製作するわれわれの技術の問題ではなく、世界そのものに関与する我々の「構え」の問題なのだ」と語っている。すなわち、機械に技術によって心を持たせることが、心ある機械を製作するキーポイントだということではなく、私たちの世界に対する態度によって、〈心ある〉態度が現出することになる、というわけである。私たちの身体のどこにも心などというものはない。しかしながら、心あると思われる態度をとることはできるわけである。

〈心〉だけではない。たとえば、〈情〉とか〈共感〉、〈思いやり〉などというものも、私たちは持ち合わせているわけでは決してない、ただ、その場の状況において、そのように受け取られることがある。〈心ある〉行為や〈情け深い〉応対、相手への〈共感〉の表明だと、相手に受け取られるところにおいて、〈心〉が現出する、というわけである(1)。

3　共通感覚と体性感覚

†コモン・センスの近代化

近代に入って成立した市民社会では、不特定多数の人間の交流が生じることによって、新たな倫理観が生まれることになった。「責任」や「共感」そして「同情」などがそうである。たしかに、古代ギリシア以来、「コモン・センス」の観念はあった。ところがそれは、決して社会の中で人びとが共通に抱くセンス・感覚という意味ではなかったし、良識や常識の意味でもなかった。むしろ、「もともとコモン・センスは、諸感覚にわたって共通で、しかもそれらを統合する感覚、私たち人間のいわゆる五感（視覚、聴覚、嗅覚、味覚、触覚）に相わたりつつそれらを統合して働く総合的で全体的な感得力」（中村雄二郎『共通感覚論』〈岩波現代文庫〉岩波書店、七頁）のことだったと言われている。

たとえば、「甘い」について振り返ってみると、味覚の上での「甘さ」を意味するのはもちろんであるが、嗅覚についても、「クレープの甘い香り」というのも良く分かる。そして今ではもう決して嗅ぐことはないだろうが、「DDTの香りは死の甘き香り」と、筆者はDDTを頭からかけられた実体験から言うことができる。包丁の切れ味について「刃先が甘くなった」と触覚の上での甘さが語られもするし、「彼の舌鋒も甘くなった」と、これも比喩的に語られもする。フリートウッド・マックのギタリスト、リンジー・バッキンガムの奏でるリック・ターナー・モデル1のギターの甘い音色というように聴覚上の「甘さ」も語られるし、これもやはり比喩的に、「恋人達の甘い語らい」などとも言われる。これならまだ分かるが、「恋人達のひそやかな甘い夜」というと分かるようで分からない。新学期、大学に入学したとなると、学生は授業の聴講ならまだしも、憑かれたように恋人探しにも奔走する。人生を、世の中を甘く考えているなどと、ものの考え方についても「甘い」は言われる。

†離人症の事例

さて、私たちは、共通感覚の働かない事例を、木村敏が、二十四歳の「離人症（Depersonalisation）」の女性の告白について、報告している文章から知ることができる。

自分というもの（mein Ich）が感じられなくなった。自分というものがなくなってしまった。自分がずっと遠くへ離れてしまった。ここで教授と話しているのは嘘の自分で、本当の自分は手の届かない遠くへ行ってしまった。（……）何かを見ていると、自分がそれを見ているのではなく、それが向こうから私の目に飛び込んでくるみたい。だから私は外の世界にいつも完全に支配されている。以前は絵を見たり音楽を聴いたりするのが好きだった。いまは美しいということがわからない。絵を見ても色や形が混じりあっているだけだし、音楽もいろいろな高さ、いろいろな強さの音が並んでいるだけ。作品の内容も意味も全然感じられない。映画やテレビを見ていると、とても奇妙なことになる。一つひとつの場面はなんとかわかるけれど、場面から場面へのつなが

り、意味のつながりが全然わからない。（木村敏「離人症の現象学」『木村敏著作集（1）』弘文堂、四頁）

離人症にあっては、絵画を見ても、音楽を聴いても、一つのまとまりある世界と受け止めることができないことが報告されている。これを木村は次のように解釈する。

われわれはたとえば砂糖をなめたときだけに「甘い」というのではない。子どもを抱く母親の情感も「甘い」し、未熟な考え方も「甘い」し、感傷的な音色も「甘い」。これらのすべてにはひとつの共通の「感触」があり「気分」がある。また「白い」感じは単に白紙をみたときだけではなく、「しらじらしい」雰囲気にも備わっているし、芭蕉の句では「石山の石より白し秋の風」とも詠まれている。「白い」とはこれらのすべてに共通な感触であり気分であり雰囲気である。ということはとりもなおさず、元来の砂糖の甘さ、白紙の白さが単なる生理学的な味覚や視覚だけのものではなくて、他の感覚領域への転移を可能にするようなプラス・アルファを含んでいるということである。これが「共通感覚」にほかならない。（……）さて、このような働きをもつ「共通感覚」というものを仮定してみると、離人症体験において欠落しているものは、まさにこの共通感覚以外のなにものでもないことがわかる。（同書、三二－三三頁）

†アリストテレス以来の共通感覚

共通感覚とは、古代ギリシアにあって、アリストテレスによって次のように語られていた。

各々の感覚には一方では何か固有の能力があり、また一方では共通な能力がある、すなわち固有なものとしてはたとえば視覚に対して視があり、聴覚に対して聴がありおよび同じ仕方でその他の感覚各々に対してもある。だがすべての感覚に伴うところの或る共通な能力としては次のようなもの、すなわちこれによってひとが見たり聞いたりすることを感覚するところのものがある（なぜなら確かにひとが見ているのを見るのは視覚によってではなく、また確かにひとが甘いものが白いものとは異なるということを判別しかつ判別することができるのは、味覚によってでもなければ視覚によってでもなく、またこの両者によってでもなくすべての感覚器官に共通なる部分によってだからである。というのは在るものは一つの感覚であり支配的な感覚器官は一つなのだから）。（アリストテレス「睡眠と覚醒について」『アリストテレス全集（6）』岩波書店、二四五頁）

さまざまな五感を統合する認識、これについて中村雄二郎は「シニススィジア（synesthesia）」と呼ばれる「体性感覚」の働きを見ている。

体性感覚とは触覚を含む皮膚感覚と筋肉感覚を含む運動感覚とから成っている。ふつう触覚が、とくに手で触る触覚が、視覚と匹敵する総合的な知覚作用を持ちうるものと考えられるのも、手でさわる触覚が、運動感覚をも含む体性感覚をもっともよく代表しているからにほかならない。体感とも略称される体性感覚は、術語ではシニスフィジア（synesthesia）と名づけられてきた。ところが、これは興味深いことに、共通感覚を意味している（coenesthesia: coen=communis, esthesiasensus）。（中村雄二郎、前掲書、一一四頁）

カントも『実用的見地における人間学』で、「精神異常に見られる唯一の普遍的な特徴は、共通感覚（Gemeinsinn（sensus communis））の喪失と、それに代わって現われる論理的な独りよがり（logische Eigensinn（sensus privatus）である」（I. Kant, *Kant's gesammelte Schriften. Herausgegeben von der Königlich preußischen Akademie der Wissenschaften*, Bd. VII, S. 219）というように、市民社会的な常識とも、諸感覚を統べる共通感官とも受け取れる論述を行なっている。

†感覚の協働

しかしながらもとより、実のところ感覚は、常に協働しあう。私たちの普段の認識にあっては、視覚も触覚も協働して作用していることに慣れているので、どちらがどのように優位な働きをしているのか、考えてみることは難しいかもしれない。しかし、「触覚」といったところで、実際に触るのみならず、たとえば、「ねめまわす」とか「舐めるように見る」さらには「視線でまさぐる」というような場合、視覚であっても触れられるような意味合いを持つ場合もある。

昔からただ触覚といわれたものは、単に皮膚の接触感覚に止まらない体性感覚の一つであり、それは、同じく体性感覚に属する筋肉感覚や運動感覚と密接に結びついて働くものであった。(……)触覚を以って昔からよく五感を統合するものと言われてきたけれども、それはいわゆる触覚、ふつういう意味での触覚のことではなくて、実は、触覚によって代表された体性感覚のことだったのである。(中村雄二郎、前掲書、一一六頁)

そして中村雄二郎は続ける。

まことに体性感覚を基体とする諸感覚の統合によって、私たちの一人一人は他の人間や自然と共感し、一体化することができるのである。(同書、一一六頁)

だからこそ「触れ合い」は、体を触れ合うことのみならず、私たちの心と心の絆を意味することになり、「鼻腔をくすぐる甘い香り」に目くるめくこともあろう。頬に優しい春の朗らかな陽差しと芳しくそよ吹く海風から、春の訪れを体感することもあろうし、煌々と冴え渡った月の光と肌を緊張させる夜風に、秋の深まりを思い知らされもしよう。

たしかに、私たちは、雰囲気を「肌で感じ」たり、「温かい心に触れる」思いになることもある。「肌合い」が合わないというのは、決して肌を合わせせないのではなく、「気持ちが合わない」ということであり、「不良の匂いがする」というのは、体臭のことを言うのではなく、不良のような佇《たたず》まいだ、ということである。「初恋はカルピスのような味」と言ったところで、味がするわけがない。今になってみると、カルピスのような爽やかな甘酸っぱいイメージがするというだけのことである。いや、思い出すと、口の中が甘酸っぱい味覚を覚える向きもあるかもしれない。人気のない境内で物陰の気配を察して、辺りに気を配ることもする。こうした用例からも、五感がそれぞれ別々に働いているのではなく、協働する中で、私たちの感覚が機能していることが分かる。

そうした感覚の協働について、知見をもたらしたのは、近世哲学を貫いた枢軸の基本問題であった。すなわち、先天盲の開眼手術後の認識をめぐって、それまでは触れることで球と立方体を区別できていた先天盲の人が、手術後、眼で見ただけで球と立方体とを区別することができるかどうか、というモリヌーの問題提起に発して、ロック、バークリー、ライプニッツ、ヴォルテール、コンディヤック、ディドロ、ヘルダーらを巻き込んだ一連の論争の中で、感覚の協働性についての認識が深められたのである。しかも、視覚と触覚の優位性をめぐる議論から、奥行き知覚や距離知覚の問題にまで深められたのであった。

アリストテレスにあっては、共通感覚というのは、一人の人間における五感に共通する感覚のことであった。その中の一つ、触覚を媒介として私たちは、他者や自然との共感が可能になるならば、〈心〉なるものを持ち合わせていない私たちにとって、まさしく〈ふれあい〉は〈心〉を感じさせ、他者との共感を結ぶものだと言えよう。そうした〈触れ合う心〉を最大限に実現するものを私たちは、〈手当て〉に見ることができる。

4　市民社会における道徳様式の変貌

そもそも思想史を振り返ってみるに、触覚の重要性が見直されるようになったのは、不特定多数の人びとが「触れ合う」市民社会の成立期で、「共感」概念が新たな意味合いを帯びるようになったのと、時代を同じくしていた。十八世紀にエジンバラの医学校の教授であったジョン・グレゴリーは、その著『医師の義務と資質に関する講義』（一七七二年）において、共感概念を用いて患者の利益を最大限に考えて行動するように、美徳と関連付けたのである。

患者の状態が危険である時、医師は患者に本当のことを話すのに当惑してしまうことが良くある。この場合、真実を伝えないことが正当でかつ必要なこともある。しかし一方で次のようなケースも時々ある。患者は危険な状態であるのだが、当人の個人的な問題に解決がついておらず、家族の将来の幸せがその問題の解決にかかっているような場合である。（『医療倫理学』医歯薬出版株式会

社、四一頁）

グレゴリーはこうした場合に患者の利益を最大限に尊重して、患者に利益を供与する責務を果たさなければならないと考え、これを「美徳」と見なした。つまり「患者に課せられた義務を果たすように促すのが適当」だと考え、「共感」の役割を重視したのである。

思いやりがあり、情の厚い人にとって、正直に真実を語ることは職業上もっとも遂行しにくい義務の一つであるが、避けることのできないものである。真実を語るには慎重さと慈愛が同じくらい必要である。（同上）

医師は、医師個人の利益よりも、患者自身そして患者の利益に対する責務に目を向けるところに美徳を持つという。

医師はどのようにケアすれば患者の苦痛の軽減に一番貢献するかだけを考えるべきである。（同書、四二頁）

こうしたグレゴリーの思想に強く影響を与えたのは、D・ヒュームであったと考えられている。

ヒュームは『人性論』でこう述べている。

かりにもし私がかなりこわい外科手術に立ち会うとすれば、確かに手術の始まる前においてすら、手術具の準備・秩序よく並べられた包帯・熱せられた手術刀・患者及び付添い人の心配と憂慮のあらゆる表徴、それらは私の心に大きな効果を及ぼして、憐憫と恐怖とのもっとも強い心持を喚起しよう。いったい、他人のいかなる情緒も直接には我々の心に現出しない。我々はただ、他人の情緒の原因あるいは結果を感知するだけである。これらから我々は情緒を推論する。従って、これらが我々の共感を生起するのである。〈ヒューム『人性論（四）』〈岩波文庫〉岩波書店、一八六頁〉

すなわち他人の心情を類推する能力のことを「共感」と呼んでいるわけである。ヒュームは「共感」に道徳的な心情の基礎を求めた。

この同じ〔共感の〕原理が美的心持〔ないしは情操〕を産むのみならず、多くの場合に道徳的心持〔ないし情操〕を産むのである。〔例えば正義の徳がそうである。いったい、〕正義ほど敬重される徳はなく、不正義ほど忌み嫌われる悪徳はない。〈同書、一八七頁〉

市民社会での生活においては「正義」は必要不可欠な倫理である。それが個人個人によって違っていては、正義とは呼ばれない。自分と他人の壁を超え、身内・知人・友人の枠を超えて、普遍的な価値観であってこそ初めて、正義たり得るのであるから、そのために「共感」能力が求められることになる。

我々自身の利害や友人の利害に関わりない社会的善福は、ただ共感によってのみ快感を与える。従って、共感こそ、あらゆる人為的徳に対して我々の払う敬重の源泉である道理になる。こうして、共感は人性の甚だ強力な原理であること、共感は我々の美的鑑識に非常な影響を及ぼすこと、共感はすべての人為的徳における我々の道徳的心持〔ないし情操〕を産むこと、これらの点は明らかである。(同書、一八八頁)

こうした共感の成り立ちをヒュームは次のように説明している。

他人の現在の不幸が私に強く影響したとする。そのとき、想念の活気は単に直接の対象に局限されない。(……)該人物のあらゆる事情について、過去と現在と未来とを問わず、可能的と蓋然的と絶対確実とを問わず、生気ある観念を私に与える。この生気ある思念によって、私はそれらの事情に関心をもち、それに参与する。そして、私が該人物のうちに想像するすべてのものに適合

した共感的な動きをわたしの胸のうちに感じるのである。（ヒューム『人性論（三）』〈岩波文庫〉岩波書店、一六六頁）

すなわち、他人に共感するためには、それも目の前に見えない事情にまで共感するためには、相手に対する「関心」、そして自らの側には「想像力」が必要だ、というわけである。このことは、今日の私たちにとっても、相手に対する思いやりの成り立ちを考えるなら、思い至ることでもあろう。

ヒュームに連なる道徳哲学者としてのアダム・スミスは、その著『道徳感情論』で、たとえ「人間がどんなに利己的なものと想定されうるにしても、あきらかにかれの本性のなかには、いくつかの原理があって、それらは、彼に他の人びとの運不運に関心をもたせ、彼らの幸福を（……）彼にとって必要なものとする」（アダム・スミス『道徳感情論（上）』〈岩波文庫〉岩波書店、二三頁）として、そうした原理を「哀れみ（ピティ）」と「共感（シンパシー）」に見定めている。他人に対する哀れみや共感を促す働きを、彼は想像力に求める。「われわれは、他の人びとが感じることについて、直接の経験をもたないのだから、彼らがどのような感受作用を受けるかについては、われわれ自身が同様な境遇においてなにを感じるはずであるかを心にえがくよりほかに、観念を形成することができない」（同書、二四頁）として「想像力」の働きを重視するのである。

われわれの想像力が写しとるのは、かれのではなくわれわれ自身の、諸感覚の印象だけなのである。想像力によってわれわれは、われわれ自身をかれの境遇に置くのであり、われわれは、自分たちがかれとまったく同じ責苦をしのんでいるのを心にえがくのであり、われわれはいわばかれの身体にはいりこみ、ある程度かれになって、そこから、かれの諸感動についてのある観念を形成するのであり、(……)なにか感じさえするのである。(同書、一五頁)

自分が他人の身になってみるところに、想像力をもって他人の理解に当たるということが可能になるわけである。それだけに私たちには、想像力を抱くには、いろんな状況、境遇を私たち自身があらかじめ理解していなくてはならないことになる。それが想像力をもって他人の境遇にわが身をおくために必要な、市民としての、そして医療従事者としての素養だと言えよう。

利己的でありながら、合理的な人間たちの集う市民社会にあって、個別的で独立している実体としての市民たちを繋ぐ唯一の絆とも言うべきものが、この「想像力」だったと言えよう。古代ギリシアにあって、人間において五感を統合するものとして考えられた「共通感覚」の脈絡は、近代の市民社会において、五感のいずれにも入らない「想像力」を介して、他者との間の関係を切り結ぶ「共感」として、新たな理路と現場を用意することになったのである。

5　ケアの成り立ち

†共感とケア

「共感」は、実体としての〈心〉を持ち合わせず、しかも、他者の痛みや心情を類推するしかできない私たちにとって、他者の〈心〉を想定し、かつ自分の〈心〉を表明する能力、つまり「関係論的な把握」を可能にする能力だ、と言えよう。

今日の医療の現場では、患部や病巣の治療に主眼を置く「キュア」に対して、患者を全人格的な存在として捉えて看護する「ケア」は、「キュア」が実施不可能な病状を迎えることもあるのに比して、たとえ患者がどのような状態に陥ったとしても、実行できることから、その重要性が指摘されている。

キャロル・ギリガンの『もうひとつの声』（一九八二年）は、今日の私たちの間での「ケア」を考える上で大きな一石を投じた書である。妊娠中絶と言う具体的な問題に即して女性たちから聞き取り調査を実施した結果から、彼女は、男性と女性の性差に基づく「ケアの倫理」を明らかにした。つまり、道徳的な葛藤状況に陥った時に、女性は、具体的な人間関係の親密さ・疎遠さを軸に対処する傾向があるのに対して、男性は、平等・不平等を道徳の軸にすえる傾向が強いというのである。女性は人間関係を保持し、より強化する方向で道徳的な葛藤状況を解決しようとするのに対して、男性は、道徳的な葛藤を権利主張の対立と捉えて、「公正」や「自律」を重視するのだそうである。彼女はこうした女性の倫理を「ケアの倫理」と、そして男性の倫理を「正義の倫理」と呼ぶ。

この調査・報告自体、かなりの曖昧さをはらむものであり、フェミニズムから賛否両論が寄せられたほどで、問題がないわけではない。しかし、興味深い論点が見えるのも事実である。すなわち、従来の倫理が拠って立っていた「正義」と、対人関係において成り立つ「ケア」という対立軸を指摘していることである。

†正義とケア

正義は、人間一人ひとりを絶対的に自立した主体として捉え、「自律」に倫理の実体を求める。これに対して、ケアは、他者への共感の上に成り立つ。その意味では、倫理性の実体論的な把握と、関係論的な把握と言い換えても良いかもしれない。正義では原理が大切で、ケアでは関係が大切だとも言えよう。正義では、相互の権利が重要視される中で、公正さが〈合法性－非合法性〉を尺度に測られようし、ケアでは、不均衡な関係において〈境遇の良否と慈愛の配分〉による全体としての調和がもたらされるのかもしれない。正義にあっては、普遍的な原理が支配するが、ケアにあっては、個別具体的な対処が重要視されよう。正義にあっては、利己性は合理性をまとわなければならないが、ケアにあっては、利己性は生きるという観点で許容される、など。この対立軸は私たちに多くのことを考えさせるのも事実である。

こう見てくると、ケアの倫理は実に、正義や善という実体を想定していた従来の倫理観の枠を超え出るところに成り立つものであるようにさえ思えてくるのである。また、従来の倫理や思想が男性中心の正義の倫理であったとしたら、ケアは関係性の構築を軸に考えていくべき倫理なのかもしれない。

6　結び

痛みを、たしかに私は感じている。そして、誰もこの痛みを共有することはできない。といっても医療従事者は私の仕草を見て、私が痛がって、痛みに堪えかねていることを「想像」できる、ようである。どの程度の痛みであるか、まで。そのとき、痛みは私と医療従事者の関係を結ぶ形で表現されているのであろう。〈心〉も似た状況にある。私たちは実体としての〈心〉を持ち合わせてはいないようである。しかし、〈心無い〉振る舞いもあれば、〈心温まる〉言葉もある。大森荘蔵は次のように述べている。

私の「心」というものがあるとすれば、この「ここにいる私」と「そこに見える風景」が作るこの全状況が「心」であるいがいにはない。「私の内に」ある心などはどこをさがしてもないのである。（大森荘蔵『物と心』東京大学出版会、七二－七三頁）

心が想定されるとすれば、それは、関係論的な観点からのみにほかならない、そして、共感やケアというものが成り立つとすれば、実体論的にこれが共感だ、これがケアだ、というものはなく、むしろ、それも関係論的な観点からにほかならない。この「ここにいる私」と「そこに見える相手」が作ることの全状況にこそ、共感やケアが立ち現われていると言うことができよう。

（1）本節は、その基本構想において、黒崎政男『哲学者はアンドロイドの夢を見たか』（哲学書房、一九八七年）の第四章における優れた分析に拠っていることを明記して、謝意に代えたい。

第五章　私たちの身体は自分のものか

1　はじめに

自由こそ、人間の証しだと言って良いだろう。動物は自由気ままに生きているように見えるかもしれない。しかしながら、空腹だからといってえさを探したり、眠たくなったからといって眠るのでは、外的要因に左右されていることになって、それでは自由とは言えない。哲学においては、外的要因に左右されないということが自由の謂いだからである。

〈……からの自由〉という消極的自由と、〈……への自由〉という積極的自由の区別についても語られている。自己実現を目指すのは、私たちの自由にほかならない。さらに、私たちはその都度、自らの在り方を選択することができる。いや、自ら決断することを迫られている。そこにこそ人間が自らを生み出し、創り出す作用を見たのはサルトルだった。「君は自由だ選びたまえ。つまり創りたまえ」（サルトル『実存主義とは何か』人文書院、三七頁）。常に私たちは、自らのあり方をどのように選び取るか、選択する自由を突きつけられている。

そして私たちの社会は、自由主義社会である。自由主義社会での自由の実現の条件について、加藤尚武は、J・S・ミルの『自由論』を踏まえて、優れた分析を行なっていた。自由主義とは、「①判断能力のある大人なら、②自分の生命、身体、財産に関して、③他人に危害を及ぼさない限り、④たとえその決定が当人にとって不利益なことでも、⑤自己決定の権限を持つ」（加藤尚武『現代倫理学入門』〈講談社学術文庫〉講談社、一六七頁）というわけである。

ところが、この五つの条件のすべてが難問に直面せざるを得ないことを、加藤は解明した上で、自由を認めるからには愚行権を認めざるを得ないことを明らかにしている（同書、一七九頁参照）。とはいえ「愚行権を認めることが、人生を一つの愚行に終わらせる危険をはらむことが、見えてきている」（同書、一八八頁）今、私たちに自由を使いこなすことの難しさを説いたのであった。

実に、加藤尚武が、ミルに即して挙げた自由の条件をすべて満たした事柄だからといって、本人の自由に任せて構わないと言い切れない問題がある。とりわけ「自分の生命、身体」に関しては、本人の自由に任せてよいと思われる向きが多いかもしれない。すなわち、自分の身体に対する自由な自己決定こそ、一概に自由に任せられることができるのか、問題なのである。人間である以上、「自由」

は譲り渡すことのできない尊厳の中核であり、また身体は、人間そのものである。その身体に人間が自ら自己決定するある場面において、その自由が逆に人間の尊厳に悖《もと》ることになりかねない局面がある。本章では、自分の身体への自由と、個人の自由に優越する公共性の問題を見ていきたい。

2　臓器売買はなぜいけないのか

†臓器売買に自由は認められていない

愛媛県警は10月1日、移植を受けた水産会社役員今村武郎（仮名〔引用者による〕：59）と同社の社長古田幸恵（仮名〔同上〕：59）の両容疑者を臓器移植法違反（臓器売買などの禁止）の疑いで逮捕した。

調べによると、古田容疑者は腎臓病で人工透析を続けていた今村容疑者と内縁関係にあったが、昨年夏ごろ、200万円を借りていた松山市内の貸しビル業の女性（59）に「臓器提供者（ドナー）になってくれたら、300万円を上乗せして渡す」などと再三、臓器売買に応じるよう要求。昨年（2005年）9月に今村容疑者の左の腎臓を摘出して、ドナーの腎臓を今村容疑者に移植する手術が成功した後、両容疑者は11月に現金30万円を、今年（2006年）4月に新車（150万円相当）を提供した疑いがもたれている。今村容疑者と女性は、事件前、面識がなく、親類でもなかったという。

調べに対して、古田容疑者は大筋で容疑を認めているが、今村容疑者は金品の提供の趣旨について、「謝礼ではなかった」などと供述しているという。

女性が今年2月、「知人にドナーになるよう頼まれ、承諾した。お金を貸していたのに、返してくれない」と県警に相談したことから、臓器売買の疑惑が明るみに出た。女性は現在体調を崩して入院しており、県警は今後、同法違反の疑いで書類送検することを検討している。（『朝日新聞』二〇〇六年十月二日付朝刊〔十三版〕）

右は二〇〇六年十月二日付けの『朝日新聞』で、二〇〇五年九月に宇和島徳州会病院で行なわれた生体腎移植手術で、臓器移植法違反となる臓器売買が行なわれていたと報じられたものである。日本で最初の臓器売買が露見して、その後、同じ病院で、病気腎の移植なども明らかになって、大きな社会問題の発端となった事件である。

重い腎臓病で人工透析を受けていた水産会社役員の今村武郎容疑者が内縁関係にあった社長の古田幸恵と共謀して、同社が二百万円の借金をしていた貸しビル業の女性に、臓器提供者になってくれたなら、借金の返済に三百万円を上乗せして渡す、と再三持ちかけた結果、二〇〇五年九月に、万波誠（六十六）医師の執刀のもとで、今村容疑者の左の腎臓を摘出するとともに、ドナーの腎臓も摘出して、これを今村容疑者に移植するという手術が行なわれ、成功したという。

しかし、そもそも、九七年十月に施行された臓器移植法では、臓器売買が禁止されているとともに、日本移植学会では、臓器提供者を親族に限っている。今回の場合、提供者の女性は、今村容疑者の「妹」という説明がなされていたという。また内縁の妻である古田容疑者は、当初ドナーになる予定であったが、血液型が違うことや体調不良などの問題で、手術直前に貸しビル業の女性に交代したという。現在、日本での腎臓移植は、脳死の人からの腎移植がほぼ期待できないのに対し、心停止後のドナーからの腎移植は年間二百例近く、そして健康な人の身体を傷つける生体腎移植は年間千例以上にも上る。

事件は、手術後の二〇〇五年十一月、ドナーの女性が容疑者たちから現金三十万円を、二〇〇六年四月に百五十万円相当の新車を受け取ったものの、約束の五百万円の提供がなされなかったため、愛媛県警に相談したところから発覚した。

†有罪判決

宇和島徳洲会病院であった生体腎移植手術をめぐる臓器売買事件で、臓器移植法（臓器売買等の禁止）違反の罪に問われたレシピエント（移植を受けた患者）の会社役員、今村武郎被告と内縁の妻の会社社長、古田幸恵被告の判決公判が二〇〇六年十二月二十六日、松山地裁宇和島支部であった。福井健太裁判長は両被告にそれぞれ懲役一年、執行猶予三年（ともに求刑・懲役一年）を言い渡した。ドナーの女性は罰金百万円、追徴金三十万円、乗用車没収などの略式命令を受けた。判決は生体腎移植の現状について「制度上の問題点がある。起こるべくして起きた事態。早急な法整備やガイドライン策定を強く希望したい」と批判した。九七年の同法施行以来、臓器売買に対する判決は初めてであった。

判決は制度上の問題点について「脳死移植に比べて規制が十分ではなく、当事者や医師らの倫理観に委ねられているのが実態」とし、「不審な手術に歯止めをかける役割の自覚を医師らに強く求めたい」と述べた。裁判長が判決の最後に、二人の被告に「これからは人に恥じないような生き方をしてください」と語りかけると、被告女性は「はい」と返事をした（WEB毎日新聞参照）という。

さて、この問題、違法な臓器売買であることは言うまでもない。しかしながら、ドナーに身体を文字通り痛めてもらって、貴重な臓器の提供を受けたわけだから、社会通念からしてみれば、相応の「謝礼」を支払うのが良識に鑑みた判断だとするなら、むしろ、臓器売買の約束をしないまま、移植手術が行なわれた後で、「お礼」あるいは「気持ち」として金品をドナーに渡していたら、許されたことだったのだろうか。そうすると、売買契約ではなく、阿吽の呼吸の下で移植が行なわれて、事後に丁寧なお礼が行なわれたのなら、何も問題にならなかったのかもしれない。

いや、そもそも、容疑者たちが実際に五百万円を支払っていたら、表沙汰にはならなかっただろうから、ケチったからばれただけの話であって、倫理的に考えるなら、約束はきちんと守りましょうという話でしかなかったのだろうか。

もとより、違法な取引の約束をしたのだから、ドナーの女性にも責任の一端はある。たとえば、売春行為は違法である以上、女性が約束の金額を男性から支払われなかったとしても、そのことをもっ

表　臓器移植の現状

脳死下移植件数		44（2011年）	32（2010年）	7（2009年）	
	待機患者数（2009）	脳死移植数（2011）	脳死移植数（2010）	脳死移植数（2009）	生存数／脳死臓器移植者数
心臓	222	31	23	6	心臓：127／132
心肺同時	4	0	0	1	心肺同時：1／1
肺	191	37	25	9	肺：110／137
肝臓	402	41	30	7	肝臓：123／153
肝腎同時	11				
腎臓	12,309	182（内 脳死 57）	186（内 脳死 39）	182（内 脳死 7）	腎臓：210／223
膵臓	199	6	2	0	膵臓：24／24
膵腎同時	152	29	23	7	膵腎同時：99／103
小腸	3	3	4	1	小腸：9／12

て男性を訴えることができないのと同様、違法な取引に手を染めたのだから、ドナーの貸しビル業の女性は、約束の金額を手にできなかったからといって、県警に相談するなどということは、ある意味「盗人猛々しい」というようなものなのだろうか。しかしながら、そもそも法律で決まっているからとはいえ、どうして臓器を売買することは許されないのであろうか。自らの臓器を売るといっても、まさしく身をもって他の人を助けるということになるわけだから、究極の人助けではないか。自らの身体を痛めて、貴重な臓器を分け与えるのだから、相応の謝金が支払われても当然ではないか。臓器は決定的に不足している以上、是が非でも少しでも多くの確保が求められる。提供される臓器が、必要に比べて極端に少ないのである。

†提供される臓器が少ない

社団法人日本臓器移植ネットワークのデータから、臓器移植の現状を概観してみる（表参照）。

なお、表のデータは、二〇一二年七月三十一日現在のデータである。また、二〇一〇年七月十七日以降、新たなルールの下での臓器移植が進められた結果、臓器提供数が五倍前後も伸びていることが分かる。といっても、待機患者数に比して、提供される臓器が著しく少ないことも明らかである。移植医療は、必要とする患者のごく一部を救済できるに過ぎない医療である。

†どのように売買が禁止されているのか

一九九七年の臓器移植法では、次のように、臓器の提供や斡旋の対価として金銭の授受を禁止している。

何人も、移植術に使用されるための臓器を提供すること若しくは提供したことの対価として財産上の利益の供与を受け、又はその要求若しくは約束をしてはならない。（「臓器移植法」一一条1項）

何人も、移植術に使用されるための臓器の提供を受けること若しくは受けたことの対価として財産上の利益を供与し、又はその申込み若しくは約束をしてはならない。（「臓器移植法」一一条2項）

さらに、「前各項の規定のいずれかに違反する行為に係るものであることを知って」臓器の摘出、使用を行なうことが、5項で禁じられている。

しかしながら他方で、皮膚や骨、細胞、遺伝子、受精卵、精液、卵子などの売買そのものは、禁止されていない。かつては、臓器の一部である血液は売買されていた。品質上の問題や安全性など、その弊害が顕著になり、現在は自発的な献血になっている。臓器売買が禁止されているのは、たんに安全上の問題からだけなのだろうか。

†世界でも売買は禁止されている

インドやフィリピン、パキスタンなどでも、臓器売買は、取り分け外国人を対象とする場合は禁止されている。日本では、心臓以外の臓器については、たとえば仮に、父親が病気の息子のために自らの臓器を取り出して移植するように懇願して、医師がそれに従ったところで傷害罪は成立しないとされてはいる。とはいえ、承諾があるからといって、自由や財産と同様に、「自己の生命・身体の処分」について自己決定することについては、強い正当化事由が必要だとも見なされている（安部圭介・米倉滋人「臓器移植と自己決定権」樋口・土屋編『生命倫理と法』弘文堂、二八―二九頁）。

しかしながら、他方で、臓器売買を禁止したならば、個人が自らの人生に対する自由な判断によって、自らの臓器を売買して利益を手にしたいと考える際の自己決定権を侵害しているとも言えるし、また臓器の提供数の増加を阻害し、重篤な病気に苦しむ患者の福利を軽視しているとも考えられる。

加えて、現行の脳死からの臓器移植の場合、家族が反対したら、本人が同意していたとしても、現実的に臓器の摘出はできないのである現状に鑑みるなら、本人が利益を手にすることを望んでのことであれ、自らの臓器を売ろうとする風潮が広がっていくなら、臓器提供数の増加が期待できる。それなのに、どうして臓器売買は禁止されているのか。

3　臓器売買禁止論に対する反論

†臓器売買に対する禁止論——そしてラドクリフ・リチャーズによる反論

一般に、臓器売買に対する禁止論は、「富者による「搾取」から貧者を「守る」必要があるという議論」(同書、三二一頁)が前提になっていると見られている。

こうした反応に対して、ラドクリフ・リチャーズが展開した反論を紹介する。

①「貧者は経済的状況によるduress(強迫)を受けて臓器を売ろうとしているのであるから、その「選択」は本当の意味の選択ではなく、このような売買は許されるべきではない」(同書、三二一頁)という根拠からの反対論がある。しかし、「貧者の現状がいかに選択肢に乏しいものであるとしても、臓器売買を禁止することは、貧者自身が最良だと考えるオプションを奪い、限られた選択の幅をいっそう狭めるばかりで、何の解決にもつながらない」(同書、三二三頁)と論駁する。

②「十分な教育を受けていない者が多く、そうした人々は臓器を売ることに伴うリスクを理解できないのであるから、臓器売買について本当の意味で「同意」しているとはいえない」(同書、三二三頁)

という反対論に対しては、「この議論は「強迫」についての議論に比べれば説得力を持っている。しかし、必要な知識に欠ける当事者が多そうだという事実は、ある取引を全面的に禁じてしまう理由とはなりえない」（同書、三三頁）というわけである。ラドクリフ・リチャーズは、当事者の「自律」を重要視することで、当然のことながら、愚行権を認めることと裏腹になる。ただ、「情報と助言が提供されるべきことを主張する」（同書、三三頁）。

こうして、ラドクリフ・リチャーズは、臓器を売る側が、臓器を買い叩かれたりしないよう、また術前術後に十分な医療ケアが提供されるように、そして支払いも確実になされるようにするために、「政府による適切な規制のもとで臓器売買がなされるようにする（……）ほうが望ましいとの見方を示した」（同書、三四頁）というのである。臓器売買は、コントロールされた条件下、状況において許される

以上の議論を紹介している安部圭介と米倉滋人によれば、「個々の病院が臓器売買を恐れて一方的にルールを定め、そのために移植の必要な患者の親族に心理的圧迫が加えられたり、逆に臓器提供者が見つかっているにもかかわらず、親族ではないために移植がなされず、患者の生命が救われなかったりする状況は、経済的弱者の「保護」をいいつつ別の弱者を抑圧する結果を招いているといわざるをえない」（同書、三五頁）ということになる。

たしかに、必要であるとともに、技術がそれに応えられるようになったから臓器移植が始められたわけで、その制度化された医療にあって、必要を満たすためには、適切かつ必要な手段を講じなくて

はならない。しかも臓器移植を必要としている患者の生命を助けるためには、仮に臓器売買が、経済的な弱者から臓器を取り上げて、さらなる差別に繋がるという面がたとえあるにしても、命の重みと同じ天秤には掛けられない。しかも、もともと医療には「ダブル・エフェクト」がつきものである。児玉聡は「功利主義と臓器移植」（伊勢田哲治・樫則章編『生命倫理学と功利主義』ナカニシヤ出版）において、「功利主義の結論は常識に反する」と言われたら、「だからどうした」と切り返す勇気を持つことの方が、とりわけ生命倫理の領域に関しては重要だと思われる」（同書、一九〇頁）と述べている。経済的弱者が、自由意志に基づいて臓器を売りたいと判断するに至ったなら、その自己決定は、髪の毛を剃ることを決意した場合と同じように、最大限に尊重されなければならないのかもしれない。

†誰にも迷惑をかけない臓器売買に対する違和感

もとより、臓器を売ったからといって誰の迷惑にもならないどころか、個人の自己決定権に基づいて、貴重な臓器を提供するのであるからして、倫理的に推奨されて然るべき自己犠牲的な行為かもしれない。しかし、人命救助にあたる消防士が、仮にテレビで名前と顔を売りたいからという〈動機〉から、英雄的な救助劇をやってのけたとしても、果たして称讃と共感を得ることができるであろうか。臓器売買は、自己犠牲的だといっても、金銭授受が伴うわけである。とはいえ、役に立つ臓器なら、それを用いて有効に医療に使おうというのが臓器移植の思想でもある。まして過去において私たちは、売血という、臓器売買を行なっていた経緯もある。自由な社会において国民の自己決定権が大前提とされている以上、臓器を確保するためには、臓器売買を認めることの方が賢明ではないか。しかも私たちは、弱っている他人を助ける慈愛の気持ちを持っていることも、臓器売買を支持する道徳的な根拠になるかもしれない。

つまり、臓器を摘出するリスクについて、提供者に対して十分にインフォームド・コンセントを行なってから提供を受けるのなら、脳死の人からの臓器移植が現実に行なわれている舞台にあっては、臓器売買が禁止される要素は何もないように見える。献血と違うのは金銭授受が発生することだが、「お気持ち」だと割り切れば何の不都合もないかもしれない。しかし、それでも釈然としない向きがあるかもしれない。

† 釈然としない気持ちはどこから来るのか

一つには、私たちには、人体は売り物ではないという思想があるからであろう。たしかに、私たちの所有しているものなら、自由に売ることはできる。しかしそれは私たちの身体の外部にあるからであって、私たち自身の身体を売ることはできない。しかしながら、O・ヘンリーの『賢者の贈り物』のように、自らの美しい金髪を売って対価をもらうことを誰が非難できようか。髪の毛も身体の一部である、と反論されもするかもしれない。

一つには、売春、援助交際は、違法であり、倫理に反する、それは身体を売るからである、という潔癖な倫理観に基づいて、身体を売ってはならないという判断に至るのかもしれない。しかし、売春が身体を売ると言ったところで、別に膣を切り取って売り捌いているわけではない。身体を売るというのは比喩であって、時間当たりの性行為という労働のまっとうな対価を得ているだけであり、しかもフェミニズムの観点からは、立派なお仕事だと見なされる向きもあるではないか。だいいち、教師だってこうやって時間に拘束されているのだから、身を売っている教壇芸者でしかないかもしれない。したがって、このタブー意識は、理解できるにしても臓器売買への反論としては相応しくない。

一つには、人間の尊厳を、道具を使うところに見定める考え方があるからかもしれない。道具とは自らの外部の自然物を対象化して自らの目的遂行のための手段とすることである。自らの身体そのものを道具・手段にするのでは、動物と同じで、それでは人間の尊厳は失われる。臓器売買ということで、自らの身体や臓器を、生きてゆくための手段にしては決してならない、という気持ちもあるかもしれない。しかし、直ちに「馬鹿なことをお言いでない！　国技の相撲はまさに自らの身体を道具にしているではないか」と反駁されるであろう。

こうした議論では、自らの身体を売ってはならないという結論には辿り着かない。まして親からもらったこの身体に、自由にピアスの穴を開けたり、タトゥーを入れたりして傷つける自由があるのだから、親からもらったこの頑健な身体、腎臓の一つや肝臓の一部を売ってどうして悪いのだ！　ということにもなるかもしれない。そうであるなら、献血やボランティアを大学が奨めているように、大学当局は、授業料が払えない学生の臓器売買を斡旋したり奨めたりすることも、当然許されることになるかもしれない。法人化されて利潤を追求しなくてはならない大学病院では、貧乏な学生の腎臓売買を斡旋して、仲介・斡旋料を徴収して大学の資金にするとともに、謝金を学生に支払い、学資の足しにしてもらうことも推奨されよう。患者さんにも、新しい臓器の提供が見込まれることになって福音となる。この結論で皆さんは満足するだろうか？　なにやらグロテスクな話という思いを深めたことであろう。

もとより、私たちは、お洒落とまではゆかなくとも身だしなみを整え、髪の毛を整え、お化粧をして、人前に出ることが期待されている。つまり、普段から自らの身体に対して手を加えることが期待されているし、時にそれが倫理的であることさえある。またそこに個性が見定められもしているのである。

4　身体に対する加工、エンハンスメント（増進的介入）

† 〈倫理的に許される〉と「倫理的」であるとは違う

たしかに〈倫理的に許される〉からといって「倫理的」であると言えないのはもちろんである。たとえば、身体に手を加える治療の一つ、歯並びの矯正は、噛み合わせに問題が生じる場合もあるので、〈倫理的に許される〉であろうが、かといって、美しい歯並びになることを願っている誰にでも奨めたりできるものでもない。美容整形は、〈倫理的に許される〉であろうが、だからと言ってこれも、就職に有利なようにと、奨めたりすることのできるものでもない。ピアスはおおむねお洒落の一手段として認められているのであろうが、舌ピアスや、唇ピアスとなれば話は別かもしれない。私たちは自分の身体に、自由に自らが手を加えて良いといったところで、自ずと限界があるようにも思われる。ところが人間の身体そのものの改善・強化を図ろうとする医療手段も、技術の進展に伴ってさまざまな形で可能になりつつある。これを果たして「医療」の範疇《はんちゅう》として認めてよいのか、新たな倫理問題として提起されている。

†エンハンスメント

健康の回復と維持という目的を越えて、能力や性質の「改善」をめざして人間の心身に医学的に介入することをエンハンスメント（Enhancement 増進的介入）という。（松田純『遺伝子技術の進展と人間の未来』知泉書館、一二一頁）

今日では、必ずしも治療に限定されない目的へ、医療技術や生命工学が応用されることによって、治療目的の医療とエンハンスメントとの境界があいまいになってきたと懸念されている。たとえば、小人症の治療に用いられる成長ホルモンを、健康な人に投与して体格のさらなる向上を図ることは、エンハンスメントだとされる。男性の性機能を回復させるバイアグラも、加齢に伴う自然な衰えを人工的に回復させて幸福を追求しようとするものだと見なすなら、エンハンスメントということになろう。

「自然」の結果を「人為」によって人間の思い通りにしようというのが、エンハンスメントに共通した発想だと見てよい。エンハンスメントの問題の中には、遺伝子に手を加えて人体改造を図ることまで含まれているが、SFめいた発想だけでなく、実は日常的な場面でも大いに生じ得る。

疲労回復のためにドリンク剤を飲むのと同じ感覚で、テストの前に学生が、成績の向上を目指して、集中力と記憶力を高める認知改善薬を服用することは許されるだろうか。たしかに「生徒の間に不公平を招きかねないが、その一方で、「才能」を賦与すること」（ダニエル・ターナー／バーバラ・サハキアン「教室の中のスマート・ドラッグ」上田昌文・渡部麻衣子編『エンハンスメント論争』社会評論社、七六頁）にも繋がるかもしれない。薬の服用も、熱意と努力と見なすなら、評価する向きも出てくるかもしれない。しかしながら、同じ条件の下で競わせることによって優劣の差を明確に規定しようとするテストにあっては、運動選手のドーピングと同じように、認知改善薬の服用は禁止されるべきだ、という反応も多いであろう。

ところが、ドーピングはいけないから記録は抹消されるのに対して、ドラッグがいけないからといっても、ドラッグの力を借りて作られたとしか思えないアシッド・ロックが追放されることはない。そうなると、テストの際に、認知改善薬を服用しても構わない、ということになろうか。スポーツの場合は、ドーピングが成績向上に繋がると同時に、同じ条件で競う、という精神に反することから、ドーピングによって出された記録は抹消されるべきであろう。しかし、ドラッグによる幻覚を基に創られたからといって、レコード・セールスは、それと無関係であろうし、アシッド・ロックのすべてが、名作であるわけでもない。ドラッグと、作品の出来は無関係だと言って良い。したがって、芸術性とドラッグとは、切り離されて評価されることになる。ところが、認知改善薬は、成績向上に、直接的に繋がって行く。栄養価の高い食事をすることは、成績向上に直結するとは限らない。効果的であるがゆえに、エンハンスメントへの〈依存〉もまた、呼び起こされるのかもしれない。

†治療と改善

問題は、人体に対する技術の応用を〈治療〉目的に限定せよという簡単な問題ではすまない。なぜなら、医療は、損なわれた健康と機能を回復することであると捉えたならば、インフルエンザの予防注射でさえ、そして、農作物に虫害を防ぐ遺伝子を組み込む「遺伝子組み換え作物」と同じように、いけないということになりかねない。むしろ、日常生活の全体に、「生活改善薬」が浸透してさえいる。すでに医療は、治療の枠内に留まってはいないのである。そうした動きを下支えしているのが、「健康で文化的な生活を営む権利」と日本国憲法に明記されている〈幸福追求権〉であり、これを制限することができるのは、安全上、問題がある場合に限られる（加藤尚武「エンハンスメントの倫理問題」前掲書、一七八頁参照）。

人体へ、人為的に手を加えることが制限されるのは、「安全性に問題が」ある場合という考え方は、受験生に対して認知改善薬を投与することについてもあてはまるかもしれない。私たちは、過去に、ドラッグが、そしてドーピングが、その後、肉体に過酷な爪あとを残した事例をいくつか知っている。

認知改善薬についてはまだ、安全かどうかは未知の問題なのである。

† 足ることを知らないままに

実際のところ、ドーピングにしても、美容整形にしても、いや、お化粧やお洒落からして、「改善」というよりもむしろ、力や、そして美において、秀でたものがますます秀でることを目指すかのように、まるで強さや美への欲望がさらなる欲望を駆り立てているかのように、行なわれているのかもしれない。健康であることへの病的なまでの執着とか、美しくあることへの強迫観念などと言われることさえある。ボードリヤールはその著『消費社会の神話と構造』（今村・塚原訳、紀伊国屋書店）で次のように述べていた。

健康は競争の論理に組みこまれ、医療や薬に対する潜在的には限りのない要求と言う形で表現されることになる。それは部分品としての肉体への自己陶酔的執着に結びついた強迫観念的な要求であると同時に、個性化と社会移動の家庭に結びついた地位向上の要求であって、いずれにしても、自由や私的所有の権利を満足する基本的人権の現代的発展としての「健康権」とはほとんど関係がない。健康は今日では生き残るための生物学的な意味での至上命令である以上に、地位向上のための社会的至上命令となっている。（同書、二〇四頁）

その時、自分のもの〈である〉身体は、〈あるべき〉身体をイメージしている自分とは、乖離して、欲望の対象となってはいないだろうか。
ボードリヤールは次のように、予言的な叙述を残してもいる。

われわれが明らかにしたいのは、現在の生産＝消費の構造が人びとのうちに、自己の肉体から分離した（だが深い所ではつながっている）表象に結びついた二重の扱い方を誘い出すこと、つまり、資本として、物神（あるいは消費対象）として肉体を扱うことである。（同書、一八八頁）

今日の消費文化は、自らの肉体をも消費の対象としている。しかもそうした欲望の際限のない構造を、ヘーゲルは、『精神哲学』で次のように描き出していた。

主体が客体のうちに自分自身に欠けているものを、自分自身の一面性を直観して、客体のうちに、〈自分自身の本質に属していながら、それにもかかわらず足りないもの〉を見るわけです。自己意識はこの矛盾を廃棄できます。だって、自己意識は〈……である〉というものではなく、絶対的な活動性だからです。自己意識は、まるで自立しているかのように思われた対象を自分のものとして、これを消費することによって満足するのです。（Hegel, SW. X, S. 217）

エンハンスメントが拡大することによって医療の変質が懸念される今、私たちの欲望のありようを考えるなら、一度その道の前に立つと、止め処のない人間改造の道を進みかねないことを確認しておきたい。

5　それでも臓器を売りたいのなら

†なぜ臓器売買が生じるのか

発展途上国ならいざ知らず、日本は格差社会だからといって、貧しいから臓器売買が行なわれたわけでは決してない。宇和島の事件も、貧しい人が提供者になったのではないし、仮に、臓器売買が認められたからといって、貧しい人が提供者になることも予想されはするが、日本の場合、自らの臓器を売ってまでして生活費を稼ぐという発想になる人がどのくらい出てくるかどうか、疑わしくもある。

むしろ、臓器売買が成り立ち得るのは、臓器提供者が特定されているからである。金銭授受の絡まない移植にあっては、脳死からの臓器移植であろうと、ＡＩＤにおける精液の提供であろうと、匿名が原則である。

†匿名の原則

身体についての情報は、飛びぬけて保護されるべき個人情報である。病院では待合室で待っている患者の名前を呼ぶことも今では控えているところも多い。学生向けの掲示は、学籍番号と名前を同時に表示した文書は「部外秘」扱いである。ところが、臓器売買が成り立つには、提供者が明らかであることが必要になる。それは、金銭を受け取る提供者の都合にほかならない。

†臓器移植が進められる思想的な舞台

臓器移植が行なわれるにあたって、その背景や根底にある思想は、次のようにまとめられることができる。①「技術をもってできる医療なら、臨床応用するべきだ」という〈技術信奉〉の流れの中で、②生命を維持するためには、全力で治そう、いや治すべきであるという〈生命至上主義〉を大前提として、③他人の臓器であろうと、病気の臓器であろうと、とりあえず役に立つものは何だって使って、とりあえず、病状の改善という結果が出るなら、それは良いことだと判断する〈功利主義〉に、④自らの身体に関しては、各々が「自由な自己決定権」を持っているので、臓器の摘出にあたっては、最大限にドナーの〈自己決定〉が尊重されるべきという〈自由主義〉が後ろ盾をしている思想基盤の上で、⑤現実に臓器が不足している、というストーリーが進行するところに、臓器移植が正当化されることになる。

そうであるなら、脳死からの臓器移植が遺体の損壊に繋がりかねず、また他人の死を待つ医療であるという後ろめたさを斟酌するならなおのこと、臓器売買は〈倫理的に許される〉、ということになる。

この結論で皆さんは満足するだろうか？

† 人間の身体が目的だということで、落ち着くことができるか

医療行為は、健康を回復するためのものである。ところが臓器売買にあって、その臓器の提供者にあっては、健康を回復するどころかリスクが残る。したがって、健康な提供者から、金銭授受を目的として臓器を摘出することは、医療の目的からして許されることではない。仮に、〈技術信奉〉〈生命至上主義〉〈功利主義〉〈自己決定〉のいずれを強調するにしても、臓器売買は、健康な体から臓器を摘出するものである以上、医療の目的に反する。

人間は自ら「目的」なのであって、〈手段〉に堕すなら、人間の尊厳に悖《もと》る。私たちは、カントの有名な「目的の国」の思想を容易に想起することができよう。私たちは互いに相手の人格を手段として遇してはいけないというのである。

> 君自身の人格ならびに他のすべての人格に例外なく存するところの人間性を、いつまたいかなる場合にも同時に目的として使用し、決して単なる手段としてのみ使用してはならない。（カント『道徳形而上学原論』〈岩波文庫〉岩波書店、一〇三頁）

† しかし、これで落ち着くだろうか

しかしそれでもまた、〈自己決定〉に基づいて自らの臓器を売ろうとすることはどうなるかという

循環に見舞われる。要するに、自己決定権という際の〈自己決定〉とは、自らのしたいことをすることであって、「自律」とはまったく違うものである。そこに倫理性は何もない。〈したい〉ことの実現を目指すのが〈自己決定〉であって、「するべきこと」の実現を目指す「自律」とはまったく違う。

したがって、自らの身体への自己決定権が持ち出される限り、倫理性に反することさえ追求されることになる。臓器移植は、そうした虚構の倫理性の上に成り立っている。したがって、〈自己決定権〉に基づいた移植医療を進めている限り、臓器売買は、移植マニアの医師がいる限り、ついてまわる問題となるに違いない。

そうなるとむしろ、瀬戸内グループとはよく言ったもので、臓器売買や病気腎の移植、さらにはドミノ移植などをグループの内で実施していたように、臓器移植に倫理性を求めるなら、公共的なシステムを動かす中で移植を実施してこそ、保証されることになろう。しかし、臓器売買を公共的なシステムの中で実施するなどということは、どういうことになるのであろうか。

6　結　び

――身体は私のものではなく、公共によって守られている――

†身体の公共性

私たちは、自らの身体を持っているとは言いながら、それはレトリックでしかない。いや、そのレトリックに従うなら、私の身体は、自分だけの身体でさえないかもしれない。なぜなら、時には「他人の身になって」患者さんの苦しみを思いやることもできるからである。「身を持ち崩す」際の崩れた身とは、生き方の意味であろうし、「身から出た錆び」の身は、自らの社会的な所業の失敗とそれに伴う人徳のなさであるし、「医療に身を入れる」身となると、全身全霊のことであろうし、つまり日常生活全般ということになるかもしれない。「身の程を知らない」のは、自分の力量や社会的な境遇についての自覚がないことであり、医師となって「身を立てる」のは、社会的に地歩を固めることである。「身体」はそのように、公共の場面でさまざまに輻輳している。

つまり、そもそも、身体は、誰の所有物でもない。自由に処分され得ないからこそ、人間の尊厳の証なのである。私たちは一人で生きていけるわけではない。公共的な社会システムの中で生きている。しかるに、公共性の意識が希薄になって、〈アトム的な個人〉としてしか自分を見ることができなくなったところに、〈自己決定権〉という虚構の権利が想定された。むしろ私たちの身体は、遺伝子によって利用されているのとはまた別の意味で、公共によって生かしてもらっている、という発想転換が必要である。

†人権観念の違い

人権とは個人の自由と権利であって、それ以上でも以下でもないとするのがアメリカ式の考え方である。自分の体の一部をどう使おうとそれは本人の自由であるとして、広範な処分権をその人個人に認めるのが基本となる。人体要素の売買も一概には禁止されない。移植目的で提供された臓器や組織の売買は法で禁じられているが、提供された組織を保存・加工して売買することは認められ、広くビジネスとして行なわれている。（橳島次郎『先端医療のルール』〈講談社現代新書〉講談社、三六頁）

これに対してヨーロッパでは、国ごとに実際の政策の違いはあるが、個人の権利に対して公共の秩序としての人権を強調する共通点がある、というのである。たとえばフランスである。橳島によるフランスにおける生命倫理法の概要を紹介する。

一九九四年六月、フランス議会は、被験者の保護と臓器移植・生殖技術・遺伝子診断などの先端医療の包括的な規制を目的とした、「生命倫理法」と総称される四本の法律を成立させた。その最大の特徴は、規制の根拠となる共通の倫理原則を、民法典の「私権（人の権利）」の章に新たに書き加えたことである。この「人の体の尊重について」と題された、全一〇条からなるフランス生命倫理法の土台となる一節は、人体の尊重を基本的人権の一つとして民法に組み込むという、「人体の人権宣言」とも言える内容を持っている。人体を、物ではない、人の尊厳が及ぶ特別な保護の対象と位置づけようというのである。／それはまず、「法は人身の至上性を保障し、その尊厳へのあらゆる侵害を禁じ、人をその生命の始まりから尊重することを保障する」という一条で始まる（民法典第一六条）。これに続けて、「各人は自らの体を尊重される権利を持つ」として、「人体の尊重」を人権として認める（同第一六の一条）。／そのうえで、「人身の尊厳」の具体的な中身として、「人の体は不可侵である。人の体、その要素およびその産物は、財産権の対象にできない」という二大原則が定められる（第一六の一条）。不可侵の原則は、「治療が必要な場合に人体への侵襲を行なうには、それに先立って本人の同意を取らなければならない」という同意原則を導く（第一六条の三条）。人体を財産権の対象にできないという原則は、「人体とその要素および産物に財産上の価値を与える効果を持つ取り決めは、無効である」（第一六の五条）、「自分自身に対する実験研究や、自分の体の要素の摘出もしくは産物の採取に同意した者には、いかなる報酬も与えてはならない」（第一六の六条）という無償原則を導く。本人同意を原則としつつ、自分の体の一部といえども自由に処分できないとして、制限を加えるのである。生命倫理法の立法根拠を論理化したフランス国務院の報告書は、こう述べている。「同意はすべての場合に不可欠であるが、すべてをカバーすることはできない。人は、部分であろうと全体であろうと自らの体についてしたいと思うことを絶対にする自由を持つものではない。人格はその人自身からも守られなければいけないというのが、公共の秩序による要請である」。（同書、四〇頁）

時に私たちは、自分の身体に対して自ら手を加えることをしかねない。そうした言わば、本人の愚行権からその人自身の身体を守ることを、公共は要請しているというわけである。

同意・無償と並んでもう一つ重要な倫理原則が、匿名（個人情報保護）原則である。「自己の人体の要素または産物を提供した者と、それを受領した者を同時に特定することを可能にするいかなる情報も漏洩してはならない」（第一六の八条）。臓器や精子・卵などを提供した人とそれを貰い受けた人がどこの誰かは、当人達にも第三者にも明らかにしてはいけないということである。

（同書、四〇－四一頁）

したがって、臓器売買が可能になる余地はもはやない。こうしたフランスの考え方からは、自己決定が有効な範囲と身体の公共性への認識を深めることが必要だ、ということを明確に教えられるのである。

第六章　私たちは本当のことを語らなければならないのか

1　はじめに

嘘をついてはいけない、というのは、私たちが子どもを躾ける際の、基本的な倫理であろう。確かに、「歯を磨いた？　顔は洗ったの？」「洗ったよぉ」ところが、子どもの顔を見ると、ヨーグルトの白いあとが頬に残っている。「洗ってないって顔に書いてあるよ、駄目でしょう、嘘をついたら！」ところが、「嘘も方便」と言われもするように、私たちは、当事者に良かれと思って嘘をつく場合もある。嘘をつくことが人道的であるような、のっぴきならない場合さえある。第二次世界大戦中、オランダの漁民たちはユダヤ人難民を彼らの船に乗せて定期的にイギリスへ密出国させていたという。

戦時に難民を乗せた船は、時にはナチスの警備艇に停船させせられることもあっただろう。ナチスの艇長はオランダの船長を尋問して、どこへ行くのか、誰が乗船しているのか、など質問した。漁民たちは出漁の途中だと嘘をつくことで通過することを認められていた。漁民たちには、二つの選択肢しかなかったことは明らかである。すなわち、嘘をつくか、あるいは難民たち（それに漁民たちも）が捕まって射殺されるか、である。第三の選択肢などあり得なかった。たとえば黙秘したり逃走したりすることなどはできなかったはずである（J・レイチェルズ『現実を見つめる道徳哲学』晃洋書房、一二八－一二九頁参照）。

さらに嘘とは何をもって嘘と言うのであろう？　たとえば、デートからの帰りの別れ際に、心から打ち解けたわけではないにもかかわらず、「今日は有り難う、楽しかったわ、またね」と言うのは、エチケットなのだろうか、それともたんなる挨拶なのか、あるいは嘘なのだろうか？　同じような事例に、「お手数をおかけして申し訳ございません」というのは、お礼の意味を込めたたんなる「挨拶」のつもりであっても、自らの非を認めた「謝罪」だと受けとられかねない場合もある。

学生に教師が「推薦状」を書く場合は、決して欠点や物足りないところは書かないだろう。たとえば、自己流でやっている学生に対しては、「独立不羈《ふき》の気風の学生である」とか、問題意識がすぐ変わってしまう学生については、「旺盛な好奇心と弛まぬ探究心の持ち主である」などと書くのが普通である。これは、フレームアップする「仲人口」と言うべきなのだろうか、それとも「嘘」に近いのだろうか？

逆に、真実を語ってはいけない場合もある。守秘義務である。ところが、真実を告知しなければならない場合もある。さらに、カントの虚言論にあっては、真実は誰にでも明らかにされなければならないとされる。それなら、どんな場合でも、露骨に真実を語っても構わないのであろうか？

2 嘘とはなにか

†どんな場合でも嘘をついてはならないとするカントの虚言論

カントの「人間愛からなら嘘をついてもいいという誤った権利について」によれば、嘘は、「他の人に対する意図的に不真実な言明」（カント『カント全集（13）』岩波書店、二五五頁）だとされる。カントの見るところ、バンジャマン・コンスタンの「政治的反動について」（一七九六年）で語られていたのとは違って、〈真実を言うことが義務であるのは、真実を要求する権利をもつ人に対してだけ〉なのではない。なぜなら、もしそうであったとしたら、まるで所有権のように、本当のことを要求して当然である人にだけ、真実が帰されるということになりかねないからである。客観的な真実については、所有権でもあるまいし、それを要求できる人が限られるわけがないと言うのである。言表における真実性は、すべての人に対する「人間の形式的な義務」（同書、二五四頁）だとされる。

「真実を言うことは義務であるが、しかし、真実を要求する権利を持つ人に対してだけそうであるにすぎない」（同書、二五四頁）という論点が論駁され、〈真実を要求できる権利〉という表現をカントは無意味な言葉だと退ける。たしかに、ひとたび〈真実を要求する権利〉が認められたならば、真実は、権利の問題になってしまう。真実を要求することが不当な人までもが想定されよう。しかし、これは奇妙なことになりかねない。むしろ、カントにあっては、「「人間は自分自身の真実性（veracitas）を、すなわち自らの人格における主観的真実を要求する権利を持つ」と言われなければならない」（同書、二五四頁）。滝浦静雄の言を借りるなら、「義務に関しても、自分や他人に対する不正行為を防ぐために、「不誠実であるべき（＝嘘を言うべき）義務」があるかどうかを問うべき」（滝浦静雄『道徳の経験』南窓社、三八頁）ということになりかねない。結局カントによれば、「言表における真実性は、たとえその結果として自分や他の人にどんなに大きな不利が生じようと、万人に対する人間の形式的義務である」（カント、前掲書、二五四頁）とされる。カントの形式主義的な義務論の性格がよく表われているとして、論じられることしばしばである。

†追っ手から人を匿う場合

それならば、次のような状況ではどうだろう。深夜、玄関の雨戸が叩かれる。初老の亭主が寝ぼけ眼をこすりながら、閂《かんぬき》を外すと、転がるようにして若い女性が「かくまって下さい、お願いです、私を信じて！」と懇願する。亭主は女性の必死さに押されて、「分かったよ、奥の部屋に入んな」と導き入れ、再び雨戸を閉める。程なくドダンガダンと激しく雨戸が叩かれる。へいへいと出て行って閂を外すと、ドスを持った男たちがどやどやと入ってきて、「亭主っ、娘っこがこちらの方へ逃げてこなかったかぁ⁉」と、居丈高に尋ねる、という時代劇でおなじみのシーンである。さて、時代劇なら、「え〜っと、あっしは微睡んでいましたんで……そういや、足音が足早にあっちの辻へ……」「よし、野郎ども、あっちだ！」となって、嘘も方便、人助けのためなら嘘も許される、という筋で話が進むのが定石である。

ところがカントになるとまったく違う。

もしきみがちょうどいま殺人をしようとうろつきまわっている者に嘘をつくことによって犯行を防止したとすれば、その場合、君はそこから生じるかもしれないすべての結果に法的に責任を負わねばならない。しかし、きみが厳格に真実をかたくまもったとすれば、たとえその予測できない結果がどんなものになろうとも、司直はきみに何の手出しをすることもできないのだ。しかも、その人殺しに狙われている人が家にいるかという問いに、きみが正直に「はい」と答えたあとで、この狙われている人が気づかれずに外へ出ていて、犯人と出会うことがなく、それゆえ犯行も行なわれることがなくてすむ、ということもありうるのである。（同書、二五五－二五六頁）

つまり、亭主が地廻りに嘘をつくことで匿ったところで、当の女性が、そぉっと裏木戸から外へ出て、通りに出たところで、地廻りの連中に見つかって、そこで惨劇が生じるかもしれないではないか。その悲劇の責任は、嘘をついた亭主にある、というわけなのだ。カントに言わせると、嘘をついた亭主は娘さんの「死を引き起こした張本人として起訴されても当然であろう」（同書、二五六頁）となる。

じゃあいっそ、亭主が「へっへぇ、旦那、うまい具合に娘っこは奥の部屋でお待ちでさぁ」と、揉み手をしながら正直に言ったら、どうだろう。その場合でもカントによれば、地廻りたちが女性を探している間に、駆けつけた住民たちによって阻止されたかもしれないし、女性も逃げ出していたかもしれないという。要するに、『嘘をつく者は、たとえそのさい彼がどんなに善意の気持ちを持っていたとしても、その結果について（……）責任を負い罪の償いをしなければならない」（同書、二五六頁）とカントは断ずる。カントの立場では「真実性は契約に基づくすべての諸義務の基礎とみなされねばならない義務」（同書、二五六頁）だからである。亭主の裏切りに見えるかもしれないが、亭主は本当のことを言っただけだ、誰もが真実を知ることができる、というわけである。

†法的な責任と倫理的な責任

さて、私たちの常識とはかなり懸け離れているカントのこの考え方も、繰り返し、司直の手に委ねられるとか、裁判などと語られているように、嘘をつくと〈法的な責任〉を免れ得ない、というところに比重を置いて見るなら、格段に理解しやすい話になる。たとえば、許容基準値以上のカドミウムが検出された米について、万が一、生産農家から、生活がかかっているので発表を差し控えてくれと懇願されようと、嘘をつかずに公表することが、担当者には求められることであろう。もし、情報を隠すようなことがあったら、担当者は〈法的な責任〉を免れ得ないのは言うまでもない。賞味期限が切れた原材料を用いて加工食品を作るようなことがあった場合にも、それを知りえた立場の責任者には、嘘をついた場合には、いや黙認した場合でさえ、法的な責任が生じてくる。

それでは、法的な責任というからには、倫理的な責任とでは異なる対応が考えられるのであろうか。谷田信一の「カントの実質論的義務論の枠組みと「嘘」の問題」における紹介によれば、『ファイヤーアーベント記の自然法講義』でカントはこう述べていたと言う。

ひとは義務を、officia necessitates（必然の義務）と、officia caritatis（慈愛の義務）とに分類する。前者は法（jus）に属し、後者は倫理学（Ethic）に属する。後者は功績的（verdienstlich）義務であり、前者は当然的（schuldig）義務である、とされる。（『批判的形而上学とはなにか』理想社、二三八頁）

カント自身にあっては、「自己自身に対する完全義務」の概念規定が揺らいでいたことの証左として、谷田が引用した文章である。しかしそれはまた、〈法的な義務〉と〈倫理的な義務〉とに、あるいは〈当然の義務〉と〈親切の義務〉とに、〈義務〉や〈責任〉が二分されるという深刻な問題にカントが想到していたことを物語っていると、見ることもできるのではないか。

私たちは、倫理的な責任から、道を急ぐような場合に、法的な責任との葛藤に出会うこともままある。しかしそのように〈責任〉や〈義務〉を、〈法的〉であるものと〈倫理的〉であるものとへ二分して、法的な義務の面でのみ論ずるなら自ずと、人殺しから友人を守る際にも、決して嘘をついてはいけないということにならざるを得ないことを、カントの論述は明らかにしようとしている。実際に、カントは、義務についてさまざまな概念把握を試みた結果、「完全義務」と「不完全義務」という対概念に収斂《しゅうれん》していったという(1)。

したがって私たちは、カントに臆することなく、いや、カントからでさえ、地廻りに押し込まれた亭主は、〈正直に、嘘をついてはならない〉という責務を法的には担ってはいるが、しかし、倫理的には〈逃げ込んだ女性を匿う〉という責任を負っていると、判断することもできるかもしれない。誰に対してでも正直に答えることは完全義務ではある。が、しかし嘘をついて追っ手から女性を匿うことも、不完全義務として考えられるからである。だがそれであっても、嘘をつくことは自らの、あるいは相手の人間性の尊厳を侵すものだとカントは考えていた。したがって、私たちの判断が〈法的な責任〉と〈倫理的な責任〉とに乖離しかねないところに、私たちの人間性が担っている限界があるということこそ、私たちがカントから学び知るべきことなのである。

3　インフォームド・コンセント

† 人を励ますことと嘘

心まで凍えそうな冬の朝、なかなか全快する見込みのたたない病状の患者さんから、「先生、いつになったら私、退院できるようになるでしょうか?」と尋ねられたお医者さんは、「そうですねぇ、花の咲く頃には退院できるかな……」と仰ったのです。患者さんは、〈そうか、梅か桜の咲く頃までには、軽快するかな〉と、ひとまず安心したのです。間もなく春がきて、梅が花をつけ、桜が艶やかに咲き誇りました。それでもその患者さんは退院できませんでした。藤が咲き、つつじが咲いても、退院できるまでに病状は良くなりませんでした。患者さんは、〈花の咲く頃って、何の花だったんだろう、あやめかな、紫陽花かな、菊かな……〉と思うのでした。夏が過ぎ、秋になっても、いっこうに退院の見込みは立ちませんでした。初秋の空が冴えわたった朝、その患者さんは、お医者さんにまた尋ねたのです。「先生、いつになったら私、退院できるようになるでしょうか?」。するとお医者さんは仰ったのです。「そうですねぇ、花の咲く頃までには退院できるかな……」。その時、その患者さんは、もう、〈何の花ですか?〉などと尋ねる気は起こりませんでした。〈きっといつか、花が咲く頃には退院できるんだな〉と思って、「早く退院できるようになると嬉しいです」と答えたのでした。

「生命倫理」の授業で、右のような状況を学生に提示して、ここで語られた「言表」の是非を問うことから、インフォームド・コンセントへと話を進めている。患者さんは、生死にかかわる深刻な病状ではなさそうではあるが、しかし、なかなか退院できるまでに回復していないようである。右の状況を示された学生の反応はさまざまである。まず、お医者さんの言った「嘘」について、〈相手を思いやっての嘘であるから許される〉〈患者に勇気と希望を与える嘘だから許される〉という趣旨の反応が五分の二、それに対して、〈医師の嘘は嘘だとばれてるから許されない〉〈患者に正直に答えていないので医師の嘘は許されない〉という否定的な反応もまた、五分の二、ほかに、〈これは励ましであって、嘘ではない〉という判断も見受けられる。

†嘘つきが罪なのは、欺こうとするから

そう、〈大丈夫、君ならできる〉という励ましだって、時には嘘と紙一重である。教師もかなりの嘘つきかもしれない。哲学史を振り返ると、嘘について厳しい態度を取った哲学者にアウグスティヌスがいる。

わたしたちは「嘘はすべて罪だ」と言わなければならない。ところが、すべて嘘をつく者は、心に思っていることに反して、欺こうとする意図から語るのである。もちろん言葉というものは、それによって人間が互いに欺きあうために、与えられたのではなく、各自が自分の考えを他人に知らせるために、与えられたのである。だから言葉をそれが与えられた目的のためではなくて、欺くために用いることは罪である。また、わたしたちは時には嘘をつくことによって他人を益することがあるという理由で、嘘は罪ではないと考えてはならない。（アウグスティヌス「信仰・希望・愛」『アウグスティヌス著作集（4）神学論集』教文館、二二二頁）

言葉の〈目的外使用〉にあたるから、嘘は罪だとするアウグスティヌスに従うなら、「花の咲くころまでには退院できるかな……」と患者に〈励まし〉と〈希望〉を与えた医師は罪にはならないかもしれない。なぜなら、アウグスティヌスは次のようにも言っているからである。

わたしには、すべて嘘は罪であるが、どんな心で、またどんなことでそれぞれの人が嘘をつくかで、大きな違いがあるものと思われる。というのは、〔他人を〕助けようとして嘘をつく人は、〔他人を〕害そうとして嘘をつく人と同じ程度に罪を犯すのではないからであり、（……）もちろん、虚偽を真実だと思って、それを語る者を、嘘をついていると判断してはならない。というのは、彼自身に関する限り、彼は欺いているのではなく、欺かれているのだからである。不注意から虚偽を真実だと信じている者を、嘘つきだと非難してはならず、むしろ、時によっては、軽率だと非難すべきである。（同書、二一五頁）

†誠実に対応しなければならないインフォームド・コンセント

ところが、現代のバイオエシックスからすれば、やはり、「花の咲く頃までには退院できるかな……」と、病状の説明を明確にしなかった医師は、許されるものではない。インフォームド・コンセントの手続きを怠っているからである。インフォームド・コンセントは、「直訳すれば「知らされたうえでの同意」ということになるが、その言葉の内容は、患者が医師から治療を受けるに当たって、その内容、目的、効果などについて十分説明を受け、患者が納得できる形で治療を受けるという一連のプロセスを含み、治療内容について最終の決定をする主体は患者の側であることを前提としている」（厚生省健康政策局医事課編『生命倫理について考える』医学書院、一五三頁）。したがって、「花の咲くころまでには退院できるかな……」としか説明しなかった医師は、説明責任を果たしていないことになるわけである。

インフォームド・コンセントにあって、具体的に患者に与えられるべき十分な情報とは、

①診断の正確な内容、
②予定される治療方法の性質と目的、
③その治療方法の成功の可能性と、それによる患者の利益、不利益、治療中に予期される苦痛や被害、
④もし患者がこの治療法を選択しなかった場合の、ほかに考えられる代案、
⑤それらの治療方法が行なわれない場合の予後、

ということになる。

これによって、患者を、危害が加えられることから防ぐとともに、医学的な侵襲への了解を患者から取り付けることになる。取り分け生活習慣病などにあっては患者の自覚を促すことを通して治療効果を高めることによって、患者に仁恵を為すことにも繋がる。さらに患者の自己決定権を守り、主体性を確保することができる、というわけである（ドゥーリー／マッカーシー『看護倫理1』みすず書房、一四五－一四七頁参照）。

しかしながら、インフォームド・コンセントが成り立つためには、患者の理解力や判断力、同意を取り付けるための時間的余裕などが必要不可欠であることはいうまでもない。また代替手段となり得る治療方法を提示できるだけの医療資源の豊かさも必要だということになろう。したがって、グローバル・スタンダードにはなり得ない原則が、普遍的な倫理になり得るのか、という問題も指摘されている。他方、インフォームド・コンセントを得ないまま、治療を進めても構わない場合がある。意識を失っている患者など救急措置が急がれる場合にはインフォームド・コンセントを得ないまま治療をしても問題とされない、患者に対応能力が欠けている場合、さらには筆者のように「先生、お任せします」と医療者側のパターナリズムに同意する場合などである（同書、一七〇－一七二頁、ビーチャム／チルドレス『生命医学倫理』成文堂、一〇七頁参照）。

逆に、実際に、インフォームド・コンセントを厳格に行なおうとすると、さまざまな問題が出てくるようである。苦痛を伴う検査などについては、断る患者が多いとか、医学的な問題への理解力と合理的な判断能力を持ち合わせているとは限らない患者が、必ずしも賢明な判断を下すとは限らないからである。これだけならまだましである。インフォームド・コンセントには手間隙がかかるため、段取り良く進めるための方法が語られるようになると、いささか形骸化しているとの誹りを免れまい。万が一にでも、医療過誤裁判の防波堤として考えられたとなると、本末転倒である。それではなぜ、時に煩雑で、最適な方法を選ぶというわけでも必ずしもないような、インフォームド・コンセントが必要とされたのか。

†インフォームド・コンセントの理念

P・ラムゼイ『人格としての患者』（一九七〇年）によれば、医の倫理では、医療行為によってもたらされる結果的な善だけではなく、医療行為そのものの正・不正をも考慮しなければならない。つまり何が医療行為において正しい行為と言えるのかを問う必要がある。この問いに答えることでインフォームド・コンセントの本質が明らかになる、と考えられていた。それによると、

①インフォームド・コンセントの原理は、医師－患者間の「忠実（fidelity）」をあらわす言明である。

②インフォームド・コンセントの原理は、医師と患者を結び付けるところの「誠心誠意の主要な行為規準（the cardinal canon of loyalty）」である。

③全ての人が医療の研究者に求めている「誠実さの要求（faithfulness - claims）」が医療行為にお

ける同意のルールの基盤である。

「同意の原理は、医療と医療研究における人間の誠実さの要求を表現するような、誠心誠意のひとつの行為規準である」（森岡正博「インフォームド・コンセントの倫理学的基礎」『バイオエシックスの展望』千葉大学教養部、一八〇頁参照）。医師と患者との関係は、「契約」というよりもむしろ誠心誠意に基づいたパートナーシップだ、と捉えるところに、ラムゼイの道徳的な理想を見ることができる。それは、信頼関係と言い換えても良いであろう。信頼関係は、依存関係とは違う。信頼関係で結ばれるものは、互いを尊重しあう自立した〈人間〉と〈人間〉とであることは言うまでもない。

さてそうなると、本節の冒頭で瞥見した、「花の咲くころまでには退院できるかな……」と応えた医師と、「早く退院できるようになると嬉しいです」と受けた患者さんとの間には、信頼関係めいたものがほの見えないであろうか。だとすると、インフォームド・コンセントの理念に基づくなら、こうしたやり取りが成り立つこの二人の間では、信頼関係が成り立っているので、これで構わないという見方もまた可能かもしれない。

4　本当のことを語ってはいけない守秘義務

†職務上知り得た事柄を漏らしてはいけない守秘義務

患者に真実を伝える責務と逆に、本当のことだからといって、第三者に語ってはいけないということさえも、医療従事者はもちろん、弁護士や教師、公務員などにはある。守秘義務である。「患者の権利に関する世界医師会リスボン宣言」では、次のように説明されている。

8a・患者の健康状態、症状、診断、予後および治療について身元を確認し得るあらゆる情報、ならびにその他個人のすべての情報は、患者の死後も機密は守られなければならない。ただし、患者の子孫には、自らの健康上のリスクに関わる情報を得る権利もあり得る。b・機密情報は、患者が明確な同意を与えるか、あるいは法律に明確に規定されている場合に限り開示されることができる。(……)c・身元を確認し得るあらゆる患者のデータは保護されねばならない。(日本医師会訳)

依頼者が望んだわけでもないにもかかわらず、依頼者の依頼に応えるためには、やむを得ず知ることになった情報であるからして、その情報の〈目的外使用〉は、厳に慎まれなくてはならない。もともとは、「ヒポクラテスの誓い」として知られる、「治療の機会に見聞きしたことや、治療と関係なくても他人の私生活についての洩らすべきでないことは、他言してはならないとの信念をもって、沈黙を守ります」という件から、守秘義務は医師の責務として自覚されてきた。

関連する法令では、次のように規定されている。

刑法一三四条　医師、薬剤師、医薬品販売業者、助産師、弁護士、弁護人、公証人又はこれらの職にあった者が、正当な理由がないのに、その業務上取り扱ったことについて知り得た人の秘密を漏らしたときは、六月以下の懲役又は十万円以下の罰金に処する。

国家公務員法第一〇〇条第一項には、「職員は、職務上知ることのできた秘密を漏らしてはならない。その職を退いた後といえども同様とする」と、地方公務員法第三四条第一項には、「職員は、職務上知り得た秘密を漏らしてはならない。その職を退いた後も、また、同様とする」とある。

†守秘義務の公共性

しかし奥田太郎が指摘しているように、「法の存在に頼った議論は、むしろ守秘義務の基本的なコンセプトをないがしろにする可能性がある。なぜならそもそも、たとえ法によって秘密の暴露が強制されたとしても沈黙し続けなければならないという点にこそ、守秘義務の倫理性の核心が存するからである」（奥田太郎「守秘義務と医療情報」伊勢田哲治・樫則章編『生命倫理学と功利主義』二二四頁）。もちろん守秘義務は、負傷した犯罪者を治療した医師ならば、患者を司直から守らなければならないという意味でもなく、虐待された可能性のある子どもを診察したからといって、医師は虐待について通報してはならない、という趣旨でもない。公共の安全、福利の増進が棄損された場合には、市民としての義務が先行するであろう。特殊な専門家としての医師が担うべき守秘義務は、公共の安全を脅かすことのない一般市民の病歴や病状などに関して、医療者が情報公開を求められても、応じてはならない、というところに倫理性があると考えてよい。

第三者には漏らさないという前提で打ち明けられた個人情報は、他言してはならない情報である。看護師にとって患者の秘密を守ることが重要なのは、そのことによって、患者との信頼関係を築き、患者の自律性とプライバシーを守ることができるからである。（ドゥーリー／マッカーシー『看護倫理1』みすず書房、一一〇頁）

嘘の研究で知られているシセラ・ボクの『秘密と公開』では、守秘義務を正当化する根拠が四つ提示されている（シセラ・ボク『秘密と公開』大澤正道訳、法政大学出版会、一七二―一七五頁参照）。「第一の、基本的な前提は、個人の自律は個人的情報を越えるということである」（同書、一七二頁）。依頼者が秘密を守ってほしいと判断したからには、その自己決定を尊重しなければならない。「第二の前提は、親しい者や仲間たちの秘密の尊重は自然であるのみならず、しばしば権利でも」（同書、一七二頁）ある、という。すなわち、秘密を共有することを通して育まれる親密な人間関係を尊重しなければならない、というわけである。

第三の前提は、沈黙を守るという誓約の強さ・堅さこそが、誠実さ・信頼を物語るという。

「[第四の]」前提は、個人と社会に役立つゆえ、職業上の機密扱いへの通常の忠誠を越えた重みを持っている」（同書、一七五頁）。これによって無実の人は弁護士を頼り、患者は、恥ずかしい病気だからといっても医療者を頼ることができる。また社会に貢献しているそれらの職業そのものが、秘密を守ることの上に成り立っている。もとより学校でも、個人情報が流出しやすい環境にある。だからこそ、教員に守秘義務を厳しく課すことによって個人情報の漏洩を防いでいるからこそ、学生が噂話などで、ある学生の秘密を漏らしたとしても、「ゴシップ」としてしか受け止められないことになる。

私たちが本当のことでさえ、守秘義務だとして語ってはいけないのはどうしてであるのか。第一は、相手の人格への尊重であるし、第二は人間関係の信頼性、第三は、自分自身、誠実さを貫くためであり、第四は、公共の福利ということになろう。患者の秘密を守ることが重要な理由として、「一、患者の信頼が得られる。二、患者の自律性とプライバシーを守ることになる。三、患者が適切な治療とケアを受けることを可能にし、よい結果をもたらす」（ドゥーリー／マッカーシー、前掲書、一一二頁）とも整理されている。要するに、誠実を貫き、信頼関係を構築し、相手の人格を尊重し、そして公共の福利を実現するという根拠がここでも確認されよう。

†守秘義務が解除される場合

すると、守秘義務が解除される場合は、本当のことを語ってしまわないと、この四根拠が揺らいでしまう場合ということになるだろう。典型的な事例としてしばしば引き合いに出されるのが、タラソフ事件である。
それは、一九六九年に起こった女子学生、タチアナ・タラソフの殺害事件を受けて、両親が起こした訴訟を通して「特定できる第三者が危険にさらされている場合には秘密を開示しなければならないという法的義務が、医療者に課せられることになった」(ドゥーリー/マッカーシー、前掲書、一一九頁)裁判である。

タチアナを殺害したプロセンジット・ポッダーは、大学の健康相談室に通ってカウンセリングを受けており、カウンセラーに、タラソフに危害を加える妄想を抱いていることを告白していたのである。カウンセラーは、ポッダーの友人からポッダーが銃を購入したことを聞き、彼を入院させて検査を受けさせようとした。しかし、カリフォルニアの法律では、本人の意思に反して入院させることは困難だった。そうこうしているうちに、ポッダーはタラソフを撃ち、殺したのである。(……)両親は、被告(カリフォルニア大学、カウンセラー、大学の警備部)は、自分たちの娘が危険な状態にあることを、自分たちや本人に知らせることを怠ったと主張した。被告側は、タチアナ・タラソフに警告することは、クライアントの秘密保持の権利を侵害することになるので、できなかったと主張した。両親側は最初敗訴したが、何回かの上訴の後、カリフォルニア最高裁は、一九七六年に次のように述べ、その判決を覆した。「カウンセラーは、クライアントが他人に危害を加える重大な危険があると判断したとき、(あるいは、適切なカウンセリング規準に照らして判断すべきであったとき）、その危害を受けることが予想される人間を保護するための適切な措置を講ずる義務を負う。」（ドゥーリー／マッカーシー、前掲書、一一九―一二〇頁）

すなわち、守秘義務が解除される場合については、カリフォルニア最高裁判所の判決文、「公共の危険が始まった時に、特権は終わる」（シセラ・ボク『秘密と公開』法政大学出版会、一八三頁）という言葉が示唆的である。公共の安全、福利のためならば、約束されていたはずの秘密保持を破ってでも、事態が明らかにされなければならない、というわけである。秘密を守らなければならなかった四条件に違背するならば、プライヴァシー権に優越した守秘義務は解除されることになる。

†プライヴァシーが保護される圏域

アンドリュー・ベルゼイの「プライヴァシーと公共性、そして政治」[2]によれば、「プライヴァシーへの権利が存在するのは、プライヴァシーが尊重されて保護される社会において生きるということが、好都合だから」（Andrew Belsey, "Privacy, publicity and politics," In: A. Belsey and Ruth Chadwick (Ed.), *Ethical issues in journalism and the Media*, p. 78）だという。だからといって、政治家のスキャンダラスな行動は暴かれてしかるべきだとされる。

なぜなら、スキャンダラスなこの本性の行動は、プライヴァシーの保護を合法的に主張することなどできないからである。このように言えるのはたんに、政治家たちは、公共の目においてあるからという理由だけではなく、政治家やその他のビジネスやメディアの人たちも同様、社会における権力を掌握しているからであり、権力を行使するような様子のものすべては、公開審査(public scrutiny)に晒されなければならないのである。このことは、公共生活における堕落を避けるための唯一の方法であって、堕落ということによって私が意味しているのは、経済上のごまかし以上のことなのである。私が言おうとしているのは、政治家はプライヴァシーが与えられていない、ということではなく、むしろ、彼らはプライヴァシーの権利を乱用することが認められていない、ということなのである。(ibid., p. 77)

もちろん今日では、「個人情報は、個人の人格尊重の理念の下に慎重に取り扱われるべきものであることにかんがみ、その適正な取扱いが図られなければならない」(第三条)と、個人情報保護法でその理念が明記されている。ただ、個人情報保護法と守秘義務とは別物として整理され、考えられなければならないであろう。守秘義務が専門職の人間に課されるのに対して、個人情報保護は、全員が担わなければならない責務である点でも、違う。

概念的には、プライヴァシーは、人間生活の社会的な本性に対比して論議される。しかし、こうした社会的な本性の他にも、現代社会の公共性に根ざした本性に対比して論議されるし、おそら

くは民主主義的な政治体系の要求するところと対比しても、論議される。(ibid., p. 84)

したがって、プライヴァシーは、その圏域での営みなら保護されることが求められる。が、しかし、公共の領域へと越境するに至るなら、保護される性格を喪失する。そして、公共性に違背する場合には、それは抑圧されざるを得ないのである。

シセラ・ボクが主張するところによれば、プライヴァシーや秘密(secrecy)は密接に絡みあって、しかも本質的に異なっている、という。秘密は、神聖や親密、プライヴァシー、沈黙、禁止、ずるさ、そして騙しなどを含んで、関連ある一連の概念を含意し得る。秘密の中核はしかしながら、意図的な隠蔽である。プライヴェートなものだからといって、必ずしも秘密であるわけではない。日常生活の通常の出来事や経験は、意図的に隠されはしないが、しかし、単に、個人的な領域の内部でのみ保たれるだけであって、公共の監視や監査に供されることはない。(ibid., p. 81)

プライヴァシーはその圏域においては守られなければならない。だが、プライヴェートなことだからといって、すべてが秘密だというわけではない。

秘密に関わる部内者と部外者との緊張の経験を通して、子供は選択力や洞察力への大きな可能性に直面する。問題があるものは隠し、ないものは伝える。これらの力が秘密と公開に役立ち、それによってつぎにあらゆる道徳的選択に影響を及ぼす。（シセラ・ボク、前掲書、六一頁）

秘密に接するにあたり、私たちは、それを公開するべきか守るべきかの道徳的選択に直面することになる。

5 結び
――私たちが本当のことを語らなくてもいい場合――

本当のことを語ってはいけない場合も、守秘義務が解除される場合にも、公共の安全・福利という観点から判断されることは確認された。

どんな人間の生活も実際のところ、個人の生活であって、いや、そうした生活は、本質的に公共的で社会的なものである。我々は、個々人として、肯定的にかつ意図的に、生活のすべての領域において他の人々に緊密に結びつけられている。（Andrew Belsey, op. cit., p. 82）

こうした中で私たちの法的な関係も倫理的な関係も育まれている。

さて、そうした法的な責任と倫理的な責任とが乖離する場合だけではない。倫理的に対処するべきか、自愛の原則に則るべきかの葛藤に陥る場合さえある。たとえば、相対立する派閥抗争にあって、あなたの属する派閥の領袖《りょうしゅう》が、あなたと同期ながら、偶然にも対立派閥に属している友人について、左遷することを狙って、あなたに嘘の証言をするよう迫ったとしよう。拒めばあなたも左遷の憂き目に見舞われるかもしれない。そんな不正な虚偽の証言であろうと、派閥の長の命とあらば、やらざるを得ないのか、それとも友誼のよしみで拒むべきなのか。あなたの自由、なのである。あなたは「自由」の重みをいやがうえにも痛感するだろう。法的にも、倫理的にも、この場合には嘘をつくことが許されはしないだろう。とはいえ、それにもまして安寧な日々への魅惑から自愛に傾く気になるかもしれない。しかしその間にも、法的な義務、完全義務は、私たちに極北の星を指し示してはいる。

私たちが、必ずしも本当のことを語らなくてもいい場合は、数限りなく多い。ただし、「語らなくてもいい」という、その「いい」からして多義的である。相手の人格を毀損することなく、公共性に背くことなく、信頼関係が結ばれるなら、それもまたよしかもしれない。しかし、その時、あなたは、どういう風に対応することが倫理的か、という問いに直面するであろう。私たちはややもすると自愛に流れる。そのような傾向にあってでさえ、「すなわち彼は、或ることを為すべきであると意識するが故に、そのことを為し得ると判断するのである」（カント『実践理性批判』〈岩波文庫〉岩波書店、七二頁）。

人助けのために嘘をつくことさえ、カントは、法的な義務、完全義務への違反として拒んだ。しかしそれは取りも直さず、倫理的な義務として、人助けのためならば嘘をついても仕方がないという余地を残したことになると、言うことはできないだろうか。そうであるなら、本当のことを語るべきか、語らなくてもいいのか、語ってはいけないのか、その問題こそ、まさしく私たち自身に、「魂の配慮」とは何かという自覚を生み出す問いになるであろう。そして、ここに、私たちが倫理性へと想い至る契機を見定めることもできるのである。

（1）　谷田信一「カントの実質的義務論の枠組みと「嘘」の問題」『批判的形而上学とはなにか』（理想社）二四〇頁参照。

（2）『生命・環境・科学技術倫理研究資料集1』（千葉大学普遍科目「科学技術の発達と現代社会Ⅱ」企画運営委員会、一九九五年、七一－七四頁）における栗原隆による紹介、アンドリュー・ベルゼイ「プライヴァシーと公共性、そして政治」を参照。

第七章　私たちは希少資源をどのように配分するべきか

1　はじめに

近頃は、石油はもとより、レアメタルなど、希少資源の争奪戦が国際政治の動向の鍵となることさえしばしばである。逆に苦役の負担の公平さという問題もあろう。共同において資材をいかに配分するのが正しいことなのかという問題は、アリストテレスにまで遡ることのできる哲学・倫理学の重要な問題である。アリストテレスによれば、「正しさは比例をなすものの一種である」（アリストテレス『ニコマコス倫理学・アリストテレス全集（13）』岩波書店、一五二頁）という。すなわち、ある二人に、二つのものをいかに配分するかという際に、「配分における正しさは、何らかの値打ちにしたがって定められなければならない」（同上）ところに、比例関係となって正しさが現出して、逆に「不正とは比例に反するものである」（同書、一五三頁）とされる。どのような人に、どのような差異をつけて配分するのか、そこに正しい比例関係が成り立たなくてはならない。しかし、比例を定めるその基準は、どのような価値観を持っているかでもってまた違うことにもなる。

2　配分はどのような場面で問題となるか

†必ずしも必要のないものは、切迫した配分問題にはならない

たとえば、電子辞書は、誰もが欲しがるものかもしれない。しかし、だからといって、ある授業の全員に対して配分がなされなければならないということはない。紙媒体の辞書にも有利な点があるし、そもそも全員に必要なものではない。〈必要に迫られるもの〉と〈必ずしも必要ではないもの〉との間では、配分問題の切迫さは違う。

三十人の学生と一緒に実習に出かけたとしよう。仕出し屋さんの不手際で二十八人分しかお昼のお弁当が用意されていなかった場合、いささか鼻白むものの、お互いに分け合うことで急場をしのぎ、それなりに友情が深まるということになるかもしれない。やはり必要性に迫られているとはいえ、福祉サーヴィスや看護などにあっても、ある程度の人員不足は、サーヴィスの質が低下することもやむなしという判断のもとで、一人ひとりの仕事の程度を〈希釈〉して〈分け合う〉ということも、ある

意味では可能かもしれない。

† 分け合うことのできないもの

しかしながら、〈分け合う〉ということで対処できない場合は数限りなく多い。たとえば、三十人の学生を引率して実習に出かけたところ、お弁当が十人分しか用意されていなかったなら、剣呑な雰囲気になるかもしれない。全員に行き渡らなくても重大な影響のない問題もあるが、こと、生命や公共財に関わる問題は重大である。病床や薬、ポストや人材なども分け合うことはできない。生命倫理学の発端の問題の一つが、腎臓透析の優先順位であったことが想起されよう。資源の希少性は、絶対量が少ないだけでなく、必要に足りないにもかかわらず〈分け合い・融通〉ができないところに生じる。

しかしながら、〈分け合って・融通しあって〉当座はしのげるからといって、希少資源の配分における正義の問題が解決するわけではない。まして、〈分け合う〉ことよりも、仕出し屋さんに電話して、注文どおりの人数分を提供してもらうことこそが正義、ということになるかもしれない。たしかに、〈必要量に不足しているとはいえ、融通できる〉場合と、〈絶対的に足りないことが切迫する問題となっている〉場合とでは、違うかもしれない。しかしながら、どのように配分するのが正義なのか、という配分基準が問題なのである。

† ロックの但し書きの意味

配分される財の量の確保だけでなく、私たちは、努力に見合った取り分が報われない時に、その配分の〈妥当性〉や〈正しさ〉を問題とすることもある。しかしながら、労働を投入した人が、支払った労力に見合った取り分を確保する権利が保証されるのは、資材や財が十二分に残されている場合に限られる、という条件を明示したのは、J・ロックである。これに対してはトマトジュースを海に注ぐという労力を支払ったからといって、海はその人のものになるわけではないという、ノージックの反論がある。ビートルズのアニメーション映画に登場するイエロー・サブマリンの航跡の泡が花になって乱れ舞ったとしても、乗組員には、何のコストもかけずに花を撒いた以上、自分の生産物に対してもっと弱い請求権しか持てなくなるというのか（ノージック『アナーキー・国家・ユートピア（下巻）』木鐸社、二九三－二九四頁）と、疑問が表明される。ノージックによれば、「ある無主物の専有（appropriation）が、他の人々の情況を悪化させるかどうか」（同書、二九五、二九九頁）にこそ、正義はかかっているという。

その意味では、地球の資源が有限である上に、地球そのものも閉鎖的なシステムであって、廃棄物を無制限に許容できるわけではないという、パイが限られている条件の下では、プラスの資源や資材についても、負の廃棄物の削減や労苦の分担についても、「配分」が課題となってくる。そして、資源や環境に対して行使する私たちの世代の権利が許されるのは、「ロックの但し書き」が成り立つ限りのことであることを忘れてはならない。

しかし、限られたパイを配分しようとするところには難問が生じる。マクロな問題として、高度先端医療の開発を目指すか、インフルエンザとかO－157などの一般的な病気の予防や治療法を進めるかという選択は、限られた医学研究予算の配分の問題における大きな政策的な問題である。それはたとえば、先端的な大病院を県都に一つ建設するか、それとも地域医療の拡充を目指して各地にいくつかの病院を建設するかという政策的な選択の問題になる。高度先端医療への集中的な投資は技術革新をもたらす反面、その恩恵にあずかる患者さんは多くないかもしれない。感染症への対策は多くの人に大きな恩恵をもたらすであろうが、目覚しい成果を上げたとはみなされないかもしれない。「配分」を決定する背景には、「効率」を目指すか、それとも「公平」を重視するか、その「公平」とは一律の機会均等の実現でいいのか、それとも格差の解消まで含むのか、底辺の「底上げ」を図るか、それとも先端の「進歩」を図るか、「実質的な成果」を求めるか、それとも「波及効果」を狙うか、政策的に誘導するか、それとも現場の意向を尊重するか、などの「思想」がある。

3　医療資源の配分の基準

†先着順や抽選では片付かない配分

通常の配分の手立てては、労働時間の長短や仕事量に応じて報酬が支払われたりするのであって、仮に労働量や労働時間のいかんに関わらず、同額が支払われることがあったなら、それは「愛」でこそあれ、正義に反すると捉えられてもやむを得ない（ジーン・アウトカ『アガペー――愛についての倫理学的研究』教文館、一〇八―一一〇頁参照）。労働や報酬に関係のない場面では、「先着順」での早い者勝ちとか、じゃんけん等の「抽選」によって行なわれることが多いであろう。しかし、医療行為の配分にあたって、診療の順番は、急患の場合はともかく、「先着順」は広く行なわれてはいるものの、「抽選」によって行なわれることは決してない。

ジーン・アウトカは「社会的正義と医療を受ける権利の平等」（栗原隆訳）で、医療資源の配分をめぐって、〈各々の人の努力や功績に応じて〉〈各々の人の社会的な貢献に応じて〉〈需要と供給の均衡のうえに成り立つ自由選択〉という配分基準を検討した上で、〈各々に対して、その人の必要に応じて〉を医療の配分基準とするとともに、これを補完する基準として〈類似した事例にたいしては類似した取り扱いを〉という基準を提起している（加藤尚武・飯田亘之編『バイオエシックスの基礎――欧米の「生命倫理」論』東海大学出版会）。

†各々の人の努力や功績に応じて、社会的な貢献に応じて

医療資源の配分は、生命に関わる問題であるだけに、倫理問題に直結している。〈各々の人の努力や功績に応じて〉という観点は、自らの健康管理に心を砕いている人には、それに報いる医療サーヴィスを提供するという配分基準である。なるほど、学生への成績評価なら、たんにテストの素点だけではなく、日々の努力を勘案して評価するという配分基準は有効かもしれない。しかし、医療におい

ては、自らの健康増進に努めている・気にかけていないの違いにもかかわらず、それとはあまり関係なく健康の危機が襲ってくることもある。自らの健康を気遣いたくても、仕事の関係上、配慮する暇さえない人もいるであろう。そうしたことを考えると、〈各々の人の努力や功績に応じて〉という配分基準は、医療サーヴィスの配分に関しては適切だとは言えない。危なっかしい遊びで怪我をした若者と、不慮の事故に巻き込まれた人とでは、自己責任という点では大きく違うが、それぞれを差別して治療が施されることは考えられない。一気呑みによる急性アルコール中毒の患者と、過労のあまり心臓が締め付けられる痛みを感じるとして運ばれてきた患者と、自己責任という点ではあまりに違いが大きいものの、医療現場ではいずれの場合も献身的な看護がなされるであろう。

医療サーヴィスを、〈各々の人の社会的な貢献に応じて〉配分するという基準は、医療という特殊な問題を際立たせる。さまざまな栄誉や称讃は、社会的な貢献に応じて授与される。たしかに、〈共同の利益〉を増進させたのか、〈個別的な利益〉を拡大したのかなど、詰めるべき論点は残る。とはいえ、社会的な貢献の実績に対して栄誉を授与するという基準は、社会のさまざまな分野で見受けられる。ジーン・アウトカは、この基準に対して明確に次のように述べている。

社会的な生産性を基準にして、健康の危機との関連性を認めることには異議が申し立てられよう。実際に、健康の危機は、一般的な福祉への貢献が比較的少ないような人々の方に、例えば高齢者、障害者、子どもなどに生じることが多いのだから、健康の危機は社会的な生産性に逆行する。

（Gene Outka, "Social Justice and Equal Access to Health Care," *Journal of Religious Ethics*, 2 (Spring 1974) 24. 栗原隆訳、ジーン・アウトカ「社会的正義と医療を受ける権利の平等」加藤尚武・飯田亘之編、前掲書、三一九頁）

その人たちの活動が社会にとって有用ではなくなったからといって、ヘルス・ケアの必要性は変わらないどころか、そういった人たちにこそ、むしろ重要になるということを、この基準は捨象しているのである。

†　公共財の配分に市場原理はなじまない

経済活動の原理である〈需要と供給の均衡の上に成り立つ自由選択という市場原理〉も医療資源の配分にはなじまない。たとえば私たちは、パソコンを購入する時に、いくつかの店を回って、価格や付属品、さらにはアフター・サーヴィスなどを各人が自由に顧慮した上で、購入する店を決定するであろう。予備校の人気講師は、その実績や技量、ネームヴァリューそして集客力に応じて年報が決められるとともに、授業の受講料も格差付けがなされる。年報と実績が見合わなくなると、自由契約という名の契約打ち切りが待っている。もし、医療従事者が、その治療実績や研究成果、集客力などに応じて報酬が決められるとともに、患者の負担義務が格差付けられたり、医療に、〈松コース〉、〈竹コース〉、〈梅コース〉などが定められたりということにでもなると、富裕な患者の受けるサーヴィスと、そうでない患者の受けるサーヴィスとでは違いが出てくる。消費者たる患者が、医療サーヴィスを受けるにあたって、それぞれの医療水準の間で自由に選択することを余儀なくされる。もちろん、美容整形などの一部の医療行為の例外はあるが、健康危機という切迫した情況にあっては、患者が自由な消費者として、医療機関を比較し、商量して、選択するという余裕は考えにくい。むしろ、経済的にも余裕のない患者にあっても、必要な医療サーヴィスを受けることのできるシステムの方が、市場原理よりも望ましいことは言うまでもない。

† 各々に対して、その人の必要に応じて、類似した事例に対しては類似した取り扱いを

平等な配分と言っても、同じ量を配分すればいい、という単純な問題ではない。客観的に必要な量も、主観的に必要だと望まれる量も、人や事例によって違う。一律の平等化ではなく、むしろ正しく差別化することも必要である。日本の医療制度は比較的優れていると言われているが（谷本光男「医療資源の配分の倫理」加藤尚武・加茂直樹編『生命倫理学を学ぶ人のために』世界思想社、一八五頁参照）、それは、〈各々に対して、その人の必要に応じて〉という配分基準が実現されているからにほかならない。

† 恩恵が平等であるように配慮する

ただ、「必要に応じて」というのは曖昧である。この基準を医療の現場に適用して、社会的な正義に適うためには、〈境遇や症状の違いがあるにせよ、恩恵が平等であるように配慮する〉ことが必要になる。そうであって初めて、盲腸の患者と脳内出血の患者とに対する看護や取り扱いの違いは、そ

れぞれの患者にとって結果する恩恵が平等であることによって、正当化されよう。

しかし、マイケル・ウォルツアーは、「必要とするという動詞を、子どもたちのように〈欲しい〉という最も強い表現として考える」（M・ウォルツアー『正義の領分』而立書房、五三頁）場合には、適切な配分基準にならないことを指摘している。いわゆる強欲問題である。この問題をクリアするために、アウトカは、〈類似した事例に対しては類似した取り扱いを〉という基準を立てる。盲腸の患者に対する看護の質・量については、脳内出血の患者とは違う形で、類似した事例に倣うことによって、「平等な受益」が実現されるというわけである。

4　環境保護における配分の問題

†医療資源の配分の問題は有限モデルではない

この医療資源の配分基準をめぐる議論の背景にあった、平等こそ社会的な公正だという観念は、環境問題について適用できるかというと、問題が残る。すなわち、石油の消費について、〈各々に対して、その人の必要に応じて〉任せることは到底、社会的な正義だと言うことはできないからである。石油の消費に伴って恩恵を受ける人の外部に、被害を被る領域が設定されるから、と見ることもできる。希少資源である化石燃料を大量に消費することは、資源枯渇にも繋がり、これは将来の世代が今日と同じように豊かな文化生活を送ることを危うくする。

医療サーヴィスはたしかに希少資源ではあるが、予算措置などで拡充したり、創出したりすることができる。しかし、石油の埋蔵量には限りがある。医療サーヴィスを拡充することは望ましいことであるが、石油の消費が増加することは望ましいとは言えない。医療サーヴィスに関しては高いレヴェルでの平等が望ましいが、石油消費はできるだけ低いレヴェルに抑えるのに越したことはない。それなら、生命倫理学が扱う場面と、環境倫理学が直面する事態とで、「配分における正義」が違う、ということはあり得るのであろうか。

† 分かっちゃいるけどやめられないのはどうしてか

アリストテレスは、〈過ぎたること〉と〈及ばざること〉とを排して「中間」に倫理的な卓越性が存在すると考えた。

過剰と不足は悪徳にそなわる特徴であり、中間は器量にそなわる特徴である。(アリストテレス『ニコマコス倫理学・アリストテレス全集13』岩波書店、五三頁)

たしかに、石油の消費については、中庸を目指すことには一定の意義があるかもしれない。それほどまでに石油の消費量には激しい格差が見られる。たとえば、二〇〇五年の国別一人当たりの原油消費量は、世界平均で五七五キログラムのところ、アメリカが二六六二キログラム、日本が一六二三キログラム、そして中国が二三〇キログラム、インドは一二〇キログラム、温暖化による海面上昇が国家的な危機となりかねないオランダでは、なんと三二一〇キログラムと、産油国を別にすると際立った高い消費量を示している（『総務省統計局ホームページ』）という格差がある。平等の原則に立つなら、過剰で無駄な消費を抑えて、生活水準の格差縮小を図るとともに、将来にわたって持続できる水準の生活を営まなくてはならないであろう。このままの消費を続けてゆくなら、環境破壊や資源枯渇を激化させるのは周知のことなのに、分かっちゃいるけど止められないのはどうしてなのであろうか。

私たちには、他人より劣った立場に立つことを嫌い、〈せめて、人並みに〉自らの状況・境遇を置こうとする性向が根深くインプットされていると言われる。隣の芝生が青く見えるのは、身近な隣人だからこそだというわけである。

嫉妬深い人は、もし自分が〈同じように〉他の誰かが持っている物（才能など）を所有できないなら、相手もそれを持たない方がよいと思う。（ノージック『アナーキー・国家・ユートピア（下巻）』三九三頁）

自分だけ惨めな思いをするより、いっそ〈共倒れ〉の方がまだましだという志向は、授業中の教室で教師に指名されて戸惑う学生が隣の学生にわざわざ尋ねてみる光景などからも窺われる。それなら逆に、自分だけ消費文化の享受を我慢するのはかわいそうなので、周囲の人にも我慢を奨めるということにどうしてならないのであろうか。

†ルサンチマンが生み出す歪んだ公正化

他の人に対する嫉妬や羨望だけでなく、自分ひとりがエネルギーの消費を節約したからといって、目に見える報いがない以上、人より我慢することは愚の骨頂ではないか、ことさら見栄を張るわけではないにせよ、経済的に余裕があるのなら、好き好んで小さく経済的なマンションに住む必要はない、いや、経済的に余裕があるのなら、快適で居住性の良い大きなマンションを購入したいと考えるのが人情かもしれない。

価格帯が低廉で経済効率のいい小さなマンション（A）と、床暖房や浴室乾燥機、食器洗い機などが装備されているような豪華なマンションの高層階（B）と、それぞれを購入した知り合い同士のAとBとが、互いのマンションを訪問し合って論評したとする。小さな居住スペースの所有者（A）が大きい豪華マンションの居住者（B）に対して、「立派なお宅だけれど、電気代がかかって大変だろうし、第一エネルギーの無駄遣いに繋がって、地球環境に悪いよね」とジャブを入れたとする。大きいマンションの所有者が、「じゃあ君にこのマンションを買って維持するだけの経済的な余裕があったなら、どっちのマンションを買う？」と嫌味を込めて切り返した場合、たいていの場合、ローンの問題さえクリアーできるなら居住性が良く余裕のあるマンションを買うと答えると思われる。が、さて、AがBの挑発に乗って「僕はローンで苦労したくないから、小さなマンションを選ぶに決まっている」と答えるなら、「じゃあこれでいいじゃないか、僕は豊かで余裕のある暮らしをしたいから、大きなマンションを買っただけなのさ」、と言われてしまう。Aとしては、「僕だって、豊かで余裕のある暮らしをしたいから、小さな安いマンションを買ったんだ」と答えても、そこにはどこか、負け惜しみの雰囲気が漂うのも事実である。

Aが Bに対して不快感を抱いたのは、Bがその経済力にものをいわせて、自分より良い物件を手に入れたのは癪《しゃく》にさわるという感情からであろう。実際にはAであろうと、大きいマンションを買って余裕のある居住スペースと豪華な設備の中で暮らしたい、と思うのは正直なところであろう。Bの発想に対して〈共感〉していないわけではなかったのだ。そこに、〈自分との差〉を投影してしまったところに、Aには屈折した思いが生まれた、というわけである。もともとが同じような経済力を持っていても不思議のない境遇であればあるほど、〈出し抜かれた〉という気持ちをAは強めたことであろう。

私たちのひとりひとりは、もともとは社会の公正化をのぞんでいるのであるが、ある種の考えちがいから、いつの間にか自分より若干上の人たちとの差だけに目が行ってしまい、それとの格差是正だけを要求するのが正当な権利主張であるように思い込むようになってしまった。（佐伯胖『「きめ方」の論理』東京大学出版会、二六三頁）

自分も本来同じように価値あるもの（余裕のある豪華な居住スペース）を手にすることができたの

に、事情があって手に入れ損なってしまった、とする。そうなると、価値あるものを手にした人は、本来それを手にするのにふさわしくない人物であるかもしれないと思い直したり、あるいは、その価値あるもの（余裕のある豪華な居住スペース）も、元来それほど有り難いものではなかったのかもしれないと合理化を図ったりする。そうなると、羨ましく思った豪華マンションも、エネルギーの無駄遣いで、環境破壊に繋がることになりかねないと、自らを納得させようとする。こうした価値の転倒をもたらす屈折した心理的なメカニズムは、「ルサンチマン」と呼ばれる心情に通じている。

† 計算が利く愚者たちの船

ルサンチマンによる価値の顚倒は不毛である。それなら〈市場原理〉でもってエネルギー価格を上げたり、炭素税の導入を図るなどの手立てによって「消費」が割に合わないものにする方策は有効であろうか。〈市場原理〉は「私的財」の配分については有効かもしれないが、「公共財」の場合には別の問題が生じてしまう。私たちは基本的に計算高く、密かにある打算を働かせているのかもしれない。

つまり、大気汚染の場合、自分だけの空気というように囲い込むことは不可能である。深刻な大気汚染に悩んでいる、国境を隣り合わせているA国とB国を想定する。A国は大気浄化のための予算投入を始めたとする。この時、B国は何もしなくても、A国のおかげで、一定程度、大気が浄化されてゆく。A国の投資額の水準を〈無〉〈低〉〈中〉〈高〉とすると、B国は何も投資しなくても、A国の〈低〉から〈高〉に応じて、自国の空気がきれいになってゆくというわけである。B国も投資するようなことになったなら、その浄化はA国にも及ぶのであるから、B国は低い投資で抑えておいた方が、むしろ利得は大きくなると言える。B国まで〈高〉い投資をすると、投資効果が相殺されるので、利得は小さくなる。「ただ乗り」が有効だということになるわけだ（大和毅彦・西条辰義「〈公共財供給〉をゲーム理論で解く」中山幹夫・武藤滋夫・船木由喜彦編『ゲーム理論で解く』〈有斐閣ブックス〉有斐閣、二〇〇〇年、参照）。こうした計算が働くからこそ、国際的な場面では、あえて自分から進んで環境浄化に向かわずとも、という睨み合いが続くことになってしまう。

これこそ〈共倒れ〉状況にほかならない。たしかに合理的な計算かもしれないが、こうした人間が乗り組んでいる宇宙船地球号は愚者の船と化してしまうに違いない。

> 頭の利く人間なら誰でも、廃棄物を捨てる前に自分でキレイに処理するよりは、そのまま共有地に放り出して廃棄処理の費用を分担する方が安くつくことを知っている。（G・ハーディン『地球に生きる倫理』佑学社、一二五四頁）

共有地の悲劇は、〈相手の本心が分からない状況〉にあって、〈ズル〉してでも、〈他人より損をすることのないように〉と慮《おもんぱか》るところに生じる。しかも時には、共有地に生きる人は、〈豪華なマンションに住んでいる成金〉という非難と、〈広い居住スペースの方が快適なのに、好んで山小屋のような家で暮らす変わった奴〉という憐れみとの、ダブル・バインドに縛り付けられもするかもしれない。

たしかに、低い消費水準での〈類似した事例〉を探して、そこに基準を求める「平等」を実現しなくてはならない。

環境的公正というのは、すべての人を同じレベル――誰もが損なわれていない健康的な環境に同じように依存しているというレベル――にまで引き下ろす非常に強力なコンセプトである。

（『地球白書 1996－1997』二五九頁）

ところが、現状はエゴイズムのままに睨み合いから抜け出せない状況に陥っているようである。私たちは、自らの文明に根付くエゴイズムから脱却しなければならない。

5　合理性と道徳性とは両立するのか

†目的合理性と価値合理性

合理性とは差し当たり、手段と目的との連関において、複雑さを減らすことだと見るならば、「行為の「合理化」の一つの本質的な要素は、なじんだ慣習への内的順化を利害状態への計画的適応によって置き換えることである」（M・ウェーバー『社会学の基礎概念』恒星社厚生閣、四五頁）という把握は、現実味を帯びてくる。合理化された発想によって私たちは、目先の計算高い行動を、とることもあり得るからである。私たちは、一方で、「予想される結果を顧慮することなく、義務、品位、美、宗教的使命、敬虔、またはその種類を問わず或る「仕事」の重要性が彼に要求すると思われるものの確信に従って行為する」（同書、三七頁）という価値合理性と、「自己の行為を目的、手段および副次的な結果によって方向づけ、かつそのさい目的に対する手段や、副次的な結果に対する目的や、最後にまたさまざまの、可能な目的をも相互に合理的に考量する」（同書、三七頁）という目的合理性という、二つの両極の間で自らの行為を定位するとされてきた。

とはいえ、目的合理的に対人関係を処理する人物に使われる当事者に自分がなった場合、自分が代替可能な駒のひとつとして使われているような、殺伐たる思いに駆り立てられることがある。〈契約〉関係での人間関係と、〈情〉がとりもつ人間関係とは、潤いの点でまったく違う。

カントによれば、「理性的存在者たちがすべて服している法則が、理性的存在者のおのおのが自分自身と他のすべてを決してただ手段としてだけではなくて、むしろいつでも同時に目的自体それ自身として扱うべきである、という法則」（カント『カント全集（7）人倫の形而上学の基礎づけ』岩波書店、七一頁）である中で、人びとが体系的に結ばれている状態は「目的の国」だという。この境地にあってこそ道徳律が実現されることによって、各人は自律の自由を得ることになる。これに反して自然法則に制約されるなら、理性的存在者は自由であることができなくなる。しかしながら私たちは、生きている以上、自然法則に縛られている面のあることはもちろん、時に非合理的で愚かな行為に走る場合さえある。むしろ、関わりを持つ相手に対しては、倫理的でなくとも、合理的でさえあってくれたらと願うことしばしばである。

† リベラリストの陥る循環

車を愛用しているDと、自家用車はおろか免許さえもっていないNの二人が、現代文明における自動車の必要性について討論をしたとする。Dにしてみれば、議論に勝ちを収めるためには、Nにも自動車の必要性や利便性を理解してもらって免許を取得させなくてはならない。その次に良い結果は、自分はことさら自動車通勤にこだわらなくても構わないが、免許を持っていないことは現代人失格だということをNに納得してもらって、Nに免許を取らせて車に乗ってもらうことであろう。その次にくるのは、現状通りの、いわば引き分けで、最悪なのは、車文明の不合理性についてNに説得されてしまって、両者とも車に乗らないことになる場合であろう。

ところが逆に、Nにとっての最善の選択肢は、両者とも自家用車に乗らないことで、次に良い結果は、自分は免許を取得して車に乗っても構わないが、論争相手のAにこそ車社会から訣別させることであって、その次は現状通りであって、二人とも車に乗る羽目になることは最悪、という優劣の順位を考えていたとする。

リベラルな考えの持ち主なら、この二人の討論を聞いて、Dは車に乗りたがっているし、Nは乗りたがらないのだから、今まで通りでいいように思うかもしれない。ところが、Dが車に乗るのと、Nが車に乗るのと、どちらがいいかということになると、第一希望に三点、第二希望に二点、第三希望に一点、第四希望に〇点の得点配布をした上で〈損得計算〉をしてみるなら、Nが車に乗る方を選ばざるを得ないことになる。なぜなら、二人とも、第二位の選択肢として、Nが車に乗ることを選好したからである。したがって、Dが車に乗るよりNが車に乗る方がいいことになる。といっても、当のNにしてみれば、やはり自分が車に乗るより二人とも車社会から訣別することの方が良く、誰も車に乗らないよりも、車に乗ることの好きなDが車に乗る方がリベラリストにしてみれば当然の成り行きであるにもかかわらず、計算してみると、Dが車に乗るよりもNが車に乗る方が良くて……という循環が待ち構えていることになる。私たちもこうした、損得計算の循環に巻き込まれて抜け出せないのであろうか。「道徳性と合理的行動を完璧に両立可能にする」ことはいかにして可能かという問題がここにある（A・セン、前掲書、三一頁参照）。

†自由は正義を実現するのか

このパラドックスに対して、ノージックは反論を加えて、選択肢の中から自由に選び出す個人の権利を、ある社会的順位付けの内部で、四つの選択肢の相対的順位付けを決める権利のように扱っているところに起因しているという。

個人の権利は両立可能であって、各人は自分の思うままに自分の権利を行使する。これらの権利行使によって、世界のいくつかの側面が確定される。（ノージック『アナーキー・国家・ユートピア（下

巻)』二八〇頁)

ノージックは、正しい配分に基づいて、権原が認められているものについては、自由に計算高い選択をすることが可能だと見ている。したがって、「公害の結果をもコストに含めた上で、利得がコストより大きいような公害的活動を許容すべきであろう」(ノージック『アナーキー・国家・ユートピア(上巻)』一二四頁)とまで述べている。資源や自然環境の保護にあたっても、保存することの「経済的利益」(同書、一二七頁)に着目する。もとよりノージックの権原理論は、財の取得が正義の原理に従ってなされたなら、占有の権原を授かったと見る。

ある配分が正しいか否かは、その配分がいかにして成立したかに依存する。(ノージック『アナーキー・国家・ユートピア(下巻)』二六〇頁)

ノージックに従うなら、財の配分基準や再配分はいかに行なわれようと、いずれも、パターンに囚われた基準でしかないと退けられることになろう。

自由な私権の擁護に尽きるノージックの正義は、井上達夫によって、「社会契約なき自然状態論」(井上達夫『共生の作法』創文社、一七八頁)だと酷評される。センによれば、「自由の平等」を求めているにすぎないという(A・セン『不平等の再検討』岩波書店、二八、一三三頁を参照)。倫理的な自然状態にあっても、〈機会〉は均等に保証されもする。であるだけに、〈機会均等〉を実現したからといって、それによって平等が実現される保障は何もない。〈機会均等〉は必要ではあるが、平等や公正が実現されるためには、〈機会均等〉で十分なのではない。私たちの権利を実現するための〈機会均等〉に正義を捉えるだけでは、平等を実現するための論点の多くが抜け落ちてしまう。努力や功績に報いる平等、必要に応じた平等、結果としての平等、同じような他の事例に倣った平等、配慮の平等などである。

6 結び

†自由一辺倒から、市民としての公共性の自覚へ

私権の実現を手続き的な正義とともに、〈機会均等〉として保証する権原理論では、環境汚染物質の排出削減や、限られた資源の制限ある利用、環境保護などを取り扱うことはできない。「正義は行なわれよ、世界は滅ぶとも」は、現実味を帯びてくることになる。環境は今や公共財であって、この利用に関してはパターンを必要とする。きのこを製造・販売する企業が、出荷する商品から切り落とした、〈きのこ〉や〈おがくず〉を、〈自社の敷地〉に埋めたことでさえ、環境犯罪と見なされもする時代である。個人の自己決定に優越する規制をかけて、環境を保持しようとする考え方は、時に環境全体主義だと揶揄されもする。しかし、そうでもしなければ、環境破壊を食い止められないこともまた、事実である。

「自由と両立する平等主義」を展開しようとするM・ウォルツァーの『正義の領分』は、ノージックとの共同の授業から成立したものであるが、ノージックがそこから、『アナーキー・国家・ユートピア』を結実させたのに対して、これとまったく正反対の立場に立つ。公共財の配分に当たって、多元的な領分での複合的な平等を求めるウォルツァーによれば、「単一性（統一性）の探求は、配分的正義の主要問題を誤らせる」（M・ウォルツァー『正義の領分』二一頁）という。それぞれの領分で、それぞれの配分基準を定めていくことが求められるのである。そのためには、市民の「相互の尊重と共有されている自己尊厳」（同書、四八三頁）が必要だという。全体的な規制ではなく、市民の間から生まれる声を重んじることによって、全体主義だとされる非難を打破する一つの道を見出すことができるかもしれない。

こうした、「他の領分ないしは活動領域における割り当ての決定から独立的に行なわれる」（Jon Elster, "The Empirical Study of Justice," In: *Pluralism Justice, and Equality*, (ed. By D.Miller & Michael Walzer) Oxford, p. 85）公共財の配分をめぐってJ・エルスターらによって普遍的な正義観を超える形で試みられているのが、「ローカル・ジャスティス」の構想である。異なった領域では、異なった原理に基づいて、「希少財や必要な負担を制度によって配分すること」（Jon Elster, "Justice and the allocation of acarce resources," In: *Psychological Perspectives on Justice*, (ed. By B.A.Mellers & J. Baron) Cambridge, p. 259）だとされる「ローカル・ジャスティス」の有効性を実証するためにも、暮らしの環境の保全と生活の福祉について、市民の共通了解が切実に求められている。私たちは、それぞれに市民として成熟しなければならないのである。

第八章　私たちが〈もの〉を作り出すことができるのは

1　はじめに

〈もの〉をつくるという点では、動物も巣など、見事な構築物を作ることが知られている。しかし、人間は、〈もの〉をつくる際に道具を用いるという点で、動物から際立っている。動物の場合は、自らの身体や器官を用いて作るのであって、特殊な例を除いて道具を用いることはない。自らの身体を道具とする器官的な活動の場合と、人間の外にある物を、ある目的のために道具として利用する場合とではその意味合いは大きく違う。道具的な活動にあってはすでに、手段の連鎖の向こうに〈もの〉つくりの目的が明確に自覚されている。と同時に、手段として用いられるものが、代替可能なものであることも弁えられている。それに対して、器官は生まれつき自然によって与えられたものであって、交換や選択の自由がない。道具ならば、その素材や構造、機能など、目的に従って自由に選択できるし、その結果、改善や進歩さらには発明さえ可能になる。「道具的活動は次第にその合目的性を増加する」（金子武蔵『実践哲学への道』岩波書店、二七九頁）というわけである。

人間は、あるものを作るために、それを工作するための道具さえ製作するし、その道具を作るための機械を、さらにはそれを作るための金型を製造する。そこには目的意識と媒介項の連続である連関が成り立つ。その連関を維持して目的に向けて整理するのが人間の目的意識である。人間はあくまで道具に対して主導権を発揮しなければならない。〈もの〉つくりに際しては、明確な目的意識が必要なのである。したがって、その目的意識が人間らしい活動を支えると言ってよい。思索も、〈もの〉つくりも、いまだ明らかになっていない事柄に対して、明確に意識してイメージを持つことによって具体化する営みにほかならない。思索も〈もの〉つくりも、その結論や完成を意識する中で、その途上において成り立つ。

2 〈もの〉つくりの手段としての道具

†目的を意識する重要性

古代ギリシアの哲学者、アリストテレスにならえば、諸原因には四つある。形相因、始動因、質料因、目的因の四つである。技術者自身、そして機械は始動因と見なされてよい。作られる〈もの〉の素材は質料因である。〈もの〉つくりに際して必要な目的意識を構成するのは、目的因と形相因である。製作される〈もの〉がどのような目的に供される〈もの〉なのか、その目的にかなうことが目指される。利便性や効率なども考え合わされようが、今日では安全という観点から、とりわけどのような環境で、いかなる形で使用に供されるのか、明確にリサーチされた上で、製品の仕様や品質に、その条件に適合することが盛り込まれていなくてはならない。

〈もの〉つくりに携わる中にあって、自らが果たすべき責務、分担が、全体的な行程における個別的な部分の存立としてでなく、全体の連関を見失うことなく〈もの〉つくり全体の連鎖の完成へと、自らの役割を意味づけることができるためには、一人ひとりにあっても、行程の全体像が把握されている必要がある。個別的な部門・部署の存立や自分の分担だけにしか理解が及んでいない場合には、短慮な働きにしかならないからである。

† 道具を見る眼差し

〈もの〉つくりにあって全体像を見失うと、単にその生産現場での一つの媒介項になってしまいかねない。それでは人間が自らを、道具のような手段としての存在に貶めることに繋がる。道具を用いるということは、ある物を自らの目的のための手段とする知力の証左である。人生の甘美さを詠うように芳しくそよ吹く春風さえも、私たちは風車を回すエネルギーとして捉えることもできる。渓谷の岩肌に清冽に砕けながら轟きをあげて流れる激流を見て、ただ美しいと見るだけでなく、水力を利用して発電しようと考えるのが人間である。私たちは、媒介的に思索すると同様に、手段化するように周囲の環境を見ている。インスタントラーメンを作る場合でさえ、私たちは「蛇口」「鍋」「ガス」「包丁」「まな板」「野菜」「だしをとるきのこ」などの媒介や手段を経て、そして道具を用いて、インスタント・ラーメンの袋に辿り着く。一つひとつの行為が目的であり、かつ手段となる。その手段の連鎖の果てに、最終的な目的を設定しているのが、私たちの〈もの〉つくりである。

〈もの〉つくりを主導するのは「技術」であるが、技術というものは「当の作り出されるもののうちには存在しないもの、このようなもののうちの或るものをどうしたら作り出せるかを考究する」（アリストテレス『ニコマコス倫理学』第六巻第四章、岩波書店、一八八頁）働きである。あるいは、ハイデガーによれば「厳密に解すれば、一つの道具だけが「存在している」ことはけっしてない。道具の存在にはそのつどつねになんらかの道具全体が属しているのであって、そうした道具全体のうちでその道具は、その道具がそれである当の道具でありうるのである。道具は本質上、「何々するための手段である或るもの」なのである。有用であり、寄与し、利用されることができ、てごろであるといったような、この「手段性」のさまざまな在り方が、道具全体性というものを構成するのである」（ハイデガー『存在と時間』中央公論社、一五六頁）。私たちの生きている世界は、道具から成り立っているとも言える。世界が手段なら、その目的は私たちのよりよき生ということになるかもしれない。

† 〈手段－目的〉と〈原因－結果〉

しかし、現代のものつくりにあっては、道具は、手段と目的の連関にあるだけでなく、原因と結果の連鎖の中にもある。たとえば、機械工作などにあっては、結果たる製作物にしてみれば、加工機械はその原因（言うなれば始動因）となるものなのである。すなわち、ものつくりにあっては、人間の側からすれば、手段と目的の関係の中で、道具と作品を捉えることができようが、道具や機械さらには技術からすれば、原因と結果の果てに、製作物が生まれる。今日の技術にあっては、生産過程が因果関係として捉えられるからこそ、生産過程自身を科学的に検討できることによって、生産過程の改善・改良、さらには合理化などが可能になる。生産性は、技術者の目的意識の問題ではないと見なされたのである。ちなみに、コンベア・ラインによる生産方式は、原因と結果が連続する中で、結果的に人間が一つの手段と化した例である。

† コンベア・ラインからセル生産へ

コンベア・ベルトに基づく分業化と流れ作業は、大量生産と、それによるコスト・ダウンを可能にした。二十世紀のものつくりの一般的なイメージとなった。しかし今日では、大量生産は、移ろい易い消費者の志向の変化に対応しきれずに、大量在庫を生み出しかねないとして、見直しが迫られている。すなわち「セル生産」といって、ジャスト・イン・タイムに生産することによって効率を上げる生産方式である。これはラインを構築しないため設備投資も小規模ですむというメリットもあるため、鳥取サンヨーや松下電器、キャノンなどで導入されて後、各工場で広がった。少人数の熟練工がグループを組んで、U字型のラインで組み上げる方式や、一人の熟練した多能工が一つのブースで完成品にまで仕上げる生産方式などがある。セル生産方式にもいくつかの種類はあるが、いずれにせよ、設備投資や設備更新にあたって、生産ラインを組み直したり、新たな工作機械を導入したりするよりも、はるかにコストを低く抑えることができると同時に、作業効率もこれによって上がるとも言われている。仕掛品《しかかりひん》の発生を抑えることも効率化とコストダウンの大きな要因だと見なされている。

セル生産方式の場合、作業にあたる人は、はじめから最終完成品のイメージを抱きながらその実現にあたることになる。流れ作業にあってはともすると人間が、生産過程における一個の歯車になりがちだったコンベア・ライン方式とは違い、一人ひとりの意欲を引き出すことによって、生産性もあがるとされる。たしかに、その意味では責任とやる気を喚起する仕方だとも言えよう。しかしながら、コンベア・ライン方式にもまして、人間は生産のための手段に貶められたとも言える。すべてが個人の責任になってくるのが、セル生産方式だからである。ここには、大量生産の現場とはまた別の、人間の活動の手段化を見なければならない。

3 人間の疎外

本来、労働とは、「意識が自分を物にすること」（ヘーゲル『イェーナ体系構想』法政大学出版局、一六七頁）であった。これには二重の意味がある。ひとつは、意識されていた制作されるもののイメージを実際に、加工を通して、物にするという、意識を形にする行為という意味である。多面、ヘーゲルはいち早く、労働の抽象化という表現で、自分の労働が自分の欲求を超えた多くの人の欲求のために営まれることによって、労働が機械的になることを洞察していた。労働疎外に繋がる問題である。

マルクスは、『経済学・哲学草稿』において、労働疎外の問題を明らかにした。

労働の生産物は、労働に対して一つの疎遠な本質として、製造者に依存しない力として対抗する。労働の生産物とは、対象において固定され、物的なもの（sachlich）にされた労働であって、それは労働の対象化である。この労働の実現は、その対象化なのである。この労働の実現は、国民経済学の状況においては、労働者の現実剥奪（Entwirklichung）として現象する。すなわち対象化は対象の喪失にして対象の奴隷として、獲得するはずが疎外となって、外化となって現われるのである。（Karl Marx, *OEkonomisoh – philosophisohe Manuskripte*, (Reclam) S. 152）

すなわち、労働者は、労働生産物から疎外されるとともに、それによって自らの労働活動からも疎外される。このことは労働者が自分から疎外されることにも繋がる。本来ならば、人間は、自然によって生きていて、自然を加工して生きていて、自然を食して生きていて、そして人間自身が自然であるところから、自然は生活資材・生の媒体（Lebensmittel）である。ところが、人間の労働活動において自分から疎外されることに伴い、自然から疎外されることが生じる。それも、疎外される自然は外的な本来的自然のみならず、自らの自然性でもある類的な存在、つまり人間らしさから疎外される、というのである。自由な意識的な活動が人間らしさの性格であったにもかかわらず、生活活動という人間らしい活動が、食べて生きてゆくという個人的な生活の手段へと矮小化されてしまう。つまり、疎外された労働は、人間の自由な活動をそれ自身、一つの手段にしてしまうことにほかならない。

> 人間が彼の労働の生産物から、彼の生活活動から、彼の類的存在から疎外されているということの直接的な帰結は、人間が人間から疎外されるということである。（ebd., S. 159）

† 手段と化す人間

たしかに、近代科学は目的論的な自然観から脱して、因果関係の下に自然を探究するところに切り開かれたとも言われる。しかしながら、人間の活動が自由な原因ならば、責任主体としてものつくりに携わることができようものの、本来は自ら目的を設定して自分の目的の実現のために生きている人間が、一つの手段に化してしまうならば、ものつくりの道具となってしまうことになる。そしてここに、人間自身が一つの道具と化した寓話的な戯曲がある。

都市社会に暮らす人間の存在の不確かさや共同体の喪失をテーマにした作品を描いていた安部公房は、戯曲『棒になった男』（一九六九年）で、次のように、手段としてしか使われなくなった男の悲哀を表現していた。男は息子が見ている前でデパートの屋上から棒になって、地上に実習に来ていた地獄の教員と実習生の女性の前に落ちてきたのである。教員は地上実習の手始めに、その棒を分析することを課す。

地獄の女　はい…（実習生らしい素直さで、いろいろな角度から眺めまわし）まず、初めに気付くことは、（……）上の方はかなり手垢がしみ込んでいます…下の部分は、ほら、こんなにすり減っている…と言うことは、この棒が、ぼんやりそこらに転がっていたものではなく、生前、何か一定の目的のために、人に使用されていたことを意味していると思います。
棒　（独白、腹立たしげに）当たりまえじゃないか、誰だって…
地獄の女　でも、かなり乱暴な扱いを受けていたみたいね、気の毒なくらい、一面、傷だらけ…
地獄の男　（笑って）なかなかいいよ、しかし気の毒というのは、どんなものかな。少々、人間かぶれのきらいがあるようだね。
地獄の女　人間かぶれ？
地獄の男　われわれは、地獄的感覚からすれば、全身傷だらけになるまで、逃げもせず、捨てられもせずに使用に耐えた、有能にして誠実な棒と言うべきなんだ。

一通り、実習生が棒の分析を終えたところで、教員はその棒を捨てようとする。すると

（地獄の女、ふいに棒に手をかけ、抜き取ってしまう）

地獄の男　君、何をする！

地獄の女　残酷すぎるわ。

地獄の男　残酷？（呆れて次の言葉がつづかない）

地獄の女　せめて、あの子に、渡してやるべきだったと思わない、いずれ、ほったらかしにしてしまうのなら…

地獄の男　馬鹿を言っちゃいけない、棒は、誰にとっても、同じ棒さ。

地獄の女　あの子には、特別かもしれないわ。

地獄の男　なぜ？

地獄の女　せめて、父親みたいに、棒になったりしちゃいけないという、反省の鏡くらいにはなるはずだわ。

地獄の男　（思わず吹き出し）反省だなんて、君、自分で満足している者が、どうやって反省するのさ。

地獄の女　満足ですって？

地獄の男　満足していたからこそ、棒になったんじゃないか。

こうして地獄の男と女は、いったん退場する。そして棒になった男が一人、独白を続ける。

棒　（独白）満足してた？…おれが？…馬鹿な、満足している人間が、子どもから逃げて、屋上から飛び下りたりするものか！（……）おれは、一度だって、満足だったことなんぞありゃしないぞ。しかし、いったい、棒以外の何になればいいって言うんだ。この世で確実に拾ってもらえるものと言やぁ、けっきょく棒だけじゃないか！

するといったん退場していた地獄の男と女が舞台に現われ出て観客席の方をぐるりと指差して言うのである。

地獄の男　見たまえ、君をとりまく、この棒の森…もっと違った棒にはなりたくても、棒以外の何かになりたいなどとは、一度も思ったことのない、この罪なき人々…裁かれることもなければ、裁かれる気づかいもない、棒仲間…（ふと調子を変え、さらに客席に乗り出すようにして）いや、べつに嫌味を言ってるわけじゃないんですよ…まさか、そんな失礼なこと…めっそうもない…（笑顔をつくり）単なる、事実として、ただありのままの事実として、ね…

地獄の女　（棒になった男に近づき、切々と訴えるように）そうなのよ、あなたは一人ぼっちなんかじゃないの、あんなに、たくさんのお友達…棒になった男たち（安部公房『安部公房戯曲全集』新潮社、六五五－六六〇頁）

†私たち自身が棒のよう

地獄の男や女から、演劇を見ている観客自身こそが実は、棒になっている男たちだ、ということが訴えられるに至って、不条理な運命にまみえて不当に処遇された劇中の棒は、日常での観客自身の姿だと気付かされる「棒になった男」。棒とは、現代社会において、それぞれの人生が自己実現するべき目標ではなく、自ら「手段」へと変質させている私たちのあり方を象徴していると言えよう。

学ぶことを目的として大学に入ったにもかかわらず、大学自身を就職するための手段とみなして、日々の授業は単位を取得するための手段と化してしまう学生も、豊かな生活を築くことを目的に就職してはみたものの、日々の仕事や通勤だけで疲れ果てて、惰性のように出勤しはするものの、自らの仕事に生きがいを見出すどころか、仕事をこなすだけが目的の日々になってしまう中で、自分を代替可能な手段としてしか感じられなくなったサラリーマンも、安定と余裕を求めて公務員になってみたものの、三年おきに繰り返される異動によって自らの専門性をなくしてしまって、自分の存在意義を見出せなくなった人も、研究することに喜びを求めて大学での職を得たものの、日々の事務作業に忙殺されてしまって自己喪失を来たした教員も、みな「棒」だというわけである。でくの棒ならまだいい。世の役に立たなくても、アイデンティティ・クライシスに陥ることはない。ところが棒は、何かの代わりの手段として使われた後は捨てられる。アイデンティティさえもない。

このように寓意的に語られた「人間疎外」は、実は、個人主義的な生活の確立に向かった近代の思潮の行き着くところに見えながら、実は、その内容を根底から変えて、主体を空疎なものにする問題として、ヘーゲル以前から意識されていた。加えて、「疎外（Entfremdung）」という用語は、ヘーゲルにあっては、人間が本来性や自然性から離脱するという文脈で用いられていて、むしろ自覚的になる契機という積極的な意義さえ担っていた。ところがマルクスにあっては、「疎外」は否定的な意味を帯びて捉え直されたのである。

†シラーにおける近代認識

たとえば、全体の調和など考えることなく、個人的な利害関心の赴くままに、さまざまな欲望に駆り立てられる姿、人びとの間の親和性が失われて、自由ではあるがそこには道徳性さえもないがしろにされる、そうした近代社会のネガティヴな面を、シラーは「すべてを分別する知性」に原因を見定めて、『美的教育書簡』で次のように描き出していた。

近代の人間性に対してこの傷を負わせたのは、ほかならぬ文化（Kultur）それ自身でした。一方において、経験が拡大されて、思索がいっそう細やかになってゆくことによって、学問の先鋭的な専門化を招くとともに、他方では国家の機構がいっそう複雑になることによって階級と職業の分離がより厳然たるものになることが必然的になりました。その結果、人間性の内なる結びつきは破れ、破滅的な争いがその調和的な力を引き裂いてしまったのです。（……）人は自らの働きを特定の領域に限定することで、自ら自己自身の中にさえ主人を置いてしまい、その主人がそのほかの素質を抑圧する結果に終わることも稀ではありません。こちらでは繁茂する想像力が知性の骨の折れる栽培を台無しにしたかと思うと、あちらでは抽象精神が、心を暖め、空想を燃え立たせるはずの焔を消してしまうのです。(Schiller, *Saemtlicеh Werke*, Bd. V (Carl Hanser), S. 583)

芸術や文化が専門分化する中において芽生えた「人間性の分裂」は、政治社会ではますます徹底化されて広がり、国家規模にまでわたって全面的に見られるようになったという。その結果、本来は有機的な結びつきが保たれているべき国家が、無数に多くの歯車の寄せ集めのような、機械的な組織機構になってしまって、人びとの生活までもが全体を心に掛けることなどなく断片的な破片になってしまったため、国家と教会、法と道徳も乖離してしまい、さらには、仕事から楽しみが奪われ、生活のための手段が目的のようになってしまったというように、文化における人間性の調和の喪失は、公共的世界での調和の喪失をもたらして、人びとの心をばらばらにしてしまった、とシラーは見た。これは現代では、「人間疎外」と呼ばれる問題に通じる発想である。

†主体性喪失

近代化したことによって社会を構成する個々人のアトム化が引き起こされた結果、共同体の絆を喪失して、社会の調和さえも脆いものに変質してしまった状況を、シラーは的確に言い当てていた。それは、個人主義における主体化の行き着くところに見えて、その主体そのものを空疎なものにしてしまうという転換を引き起こした。本来、主体概念は、ライプニッツからヘーゲルへの思想史の脈絡において、内発的な動機に基づいていこそすれ、そこに全体を担うものとして構想されてきた。それが、疎外状況においては、個人の生活は自らの生存の手段へと矮小化、抽象化されてしまう。個人的な主体からは豊かな主体性が失われることになる。

†個人的な利害・関心に閉ざされた近代人

同じように、それぞれの個人にあって、自分にとっての「利害・関心」を抱くところに、近代人の特性を見たドイツ・ロマン派の思想家に、フリードリヒ・シュレーゲルがいる。こうした近代的な個人の陥った状況について彼は、古代ギリシアにあって見られたような、偏りのない自然な教養形成が没落したという現状認識に基づいて、主観的に抱かれる「利害・関心を惹くもの」だけでは人それぞれで個別的に過ぎるので、そこから教養形成を始めて、それぞれの個別的な関心から美の完成に向かって無限に努力しなければならない、と捉えた。

しかし、無限に憧憬を馳せて、限りなく努力する、あるいは夢を追い続けるなどは綺麗な言い方ではあるが、時に、実現できない夢を見て、その実現できないがゆえにむしろ安心して夢を見るだけという偽善的な態度に通じるものである。夢見るだけで、限りなく夢を追い続けるという限りでは、夢は実現に向かわない。いや簡単に実現されるとかえって大変、むしろ夢を見ているうちが楽しいという心理が私たちにはある。ミュージシャンになりたい、漫画家になりたいなど、夢を見て、夢の残骸に陶酔することさえある。実際に物事を実現するには、汗をかいて泥にまみれて、地を這うような努力が必要であって、きれいごととは程遠いものである。

ロマン派の思想は、ややもすると、実現できないことを夢見て、憧れを抱くようなものだと見なされている。主体から世界の中心たろうとする気概が失われて、内容空疎なものになったがゆえの、夢想だと見ることもできる。

†現代のものつくり

大規模なコンベア・ラインが姿を消したからといって、ものつくりの現場にあって、労働の疎外がなくなるわけではない。セル生産の立ち上げの場合のように、ものつくりに携わる人の動機付けがなされている間は、生産効率も生産量も上がることが報告されている。加えて設備投資は少なくてすむ。しかしながら、作られるものが作る人のものではない以上、個人への負担は増すばかりで、疎外現象は生じ得ることを忘れてはならない。動機付けの根拠となる関心を生み出す「心による自己規定」が可能であるのは、「内的な自由と外的な自由とが一体である場合にだけ」（ハンス・ヨナス『責任という原理』東信堂、一二四頁）であるのも事実である。だが、もとより個人の趣味や家事でものを作る場合でもない限り、作られたものが作った人のものになることはまずない。作られたものはそれを使う人のものになる。

ハンス・ヨナスは、自然把握のためではなく、倫理学のために、「目的」を存在の広がりの中に拡張しようとした。道具や器具それ自身に、目的は備わっていこそすれ、それ自身が持っているわけではない。

ハンマーや時計は、その目的を自分で持つことがけっしてない。それらの制約者と使用者だけがその目的を「持つ」。（同書、九六頁）

ものつくりの倫理にあっても、ものつくりにおいて見失われがちな「目的」を再び導入することは、疎外された製作者と使用者との間を結ぶことになるとも言える。職人仕事の場合、より良いものをつくることが製作者にあって目的であるとともに、使用者にとってもそれは、願わしいことだったからである。

4　〈もの〉つくりの物語

†ものと物語

日本語を遡るならば「ものがたり」は実に、ものつくりに連関している。「かたり」という言葉は「型」と語源的には共通していて、話の形式に嵌め込みながら行なわれる、語り手と聞き手との間の伝達行為だと言われる。虚構という意味での「騙り」のニュアンスをも帯びるようになったのはその後のことである。『古今集』巻四秋上の僧正遍昭の歌「名にめでてをれる許ぞをみなえし我おちにきと人にかたるな」は、馬から落ちたことと、僧侶としての堕落を掛けた言葉であって、そこに、事実と虚構の両義的な意味が「かたる」に内蔵されているのを見ることができる。

「ものがたり」という語は、そうした「かたり」に接頭語の「もの」がついて生じた。「ものがたり」の初出としては、『万葉集』が知られている。巻十二の二千八百四十五番歌にこうある。「我哉語　意遣　雖過不　猶恋（忘るやとものがたりしてこころ遣り過ぐせど過ぎず猶恋ひにけり）」。この歌は、物語りしてこころを紛らわせて時を過ごそうとするのだが、時の経過とともになおいっそう恋しくなってきた、という内容である。語る相手は恋人ではなく、他人と「何か」を語るのだとされている。漠然とした話、特定できるものではない話だったのかもしれない。そこで、内容が明確な「語り」ではなく、「ものがたり」と表現されたわけである。そこには「もの」といっても、「物体」を指し示すのとは違う「もの」の深い意味を見て取ることができる。同じように「ものがたり」の初出例の一つ、やはり人麻呂の歌った『万葉集』巻七の一千二百八十七番歌「青角髪　依網原　人相鴨　石走　淡海県　物語為（あおみづら　よさみのはらに　ひともあはぬかも　いはばしる　あふみあがたの　ものがたりせむ）」。ここでも物語は、鬱屈した心を晴らすべくなされる心的な営みなのである。

†アニミズム的な世界のモノ

折口信夫はその論稿「大和時代の文学」において、「ものとは、霊（モノ）の義である。霊界の存在が、人の口に託して、かたるが故に、ものがたりなのだ」（『折口信夫全集』第五巻、中央公論社、二六頁）と述べていた。モノが霊的な存在に繋がるという意味では、アニミズム的な世界観のうちにモノが存在していたとも言えよう。三谷榮一も、古代中国の用例からして、「物」が元来、神秘的な力であるマナを有する妖怪の一種で、日本で考える幽霊と同じように、祖霊として崇拝されないものの、忘れ去られるべき存在ではなく、祖霊の祭礼とともに祭祀しないと、不安感や恐怖感に苛まされるような、超自然的で神秘的な存在だとしている（三谷榮一編『体系物語文学史』第一巻、有精堂、一五頁参照）。

これに対して藤井貞和は、モノガタリが、対象や物体であるモノを媒介として成り立つ〈対自的〉な語りだとする考えを退ける一方で、「モノについては、霊的存在を表す意味があることはいうまでもない」（前掲書、四四頁）とする。本来的にはモノガタリと霊的な存在の出現とは別だとしながらも、モノについては、「存在を一般的に、非限定的に指示しうる語」（藤井貞和『物語文学成立史』東京大学出版会、六五九頁）とするとともに、「何か得体の知れない存在について「もの」という場合がある」（同書、六六〇頁）ことを認めるわけである。

大野晋は、モノの本来的な語義に、モノガタリの成立の淵源を見定めている。

古代人の意識では、その名を傷つければその実体が傷つき、その名を言えば、その実体が現われる。それゆえ、恐ろしいもの、魔物について、それを明らかな名で言うことはできない。どうしてもそれを話題にしなければならないならば、それを遠いものとして扱う。あるいは、ごく一般的な普遍的な存在として扱う。そこにモノが、魔物とか、鬼とかを指すのに使われる理由があった。（大野晋『日本語をさかのぼる』〈岩波新書〉岩波書店、三〇－三一頁）

ある対象、とりわけ言動や飲食さらには衣服に関する動作などを、直截的に指し示すのではなく、一般的な存在として婉曲に言う際には、「直接の、あらわな表現を避けたい」（同書、三二頁）という気持ちで、宮廷では「モノ」が使われていたと大野は見る。そうしたモノが、ただ一般的に「ものを思う」や「モノノケ」だけでなく、霊的存在までをも指すというのなら、すなわち高橋亨の言うように、「物質の内に霊魂が宿り、モノは〈物＝霊〉であることによって、モノたりえていた」（高橋亨『物語文芸の表現史』名古屋大学出版会、二七頁）のならば、モノはアニミズム的な世界に息づいていて、それを明らかにする営みが物語であったと言えよう。その脈絡で語られた、「モノは、いってみれば未開の思考の中に深々と探りとられなければならないものであるように想われる」（藤井貞和「物語の発生」三谷榮一編『体系物語文学史』第一巻、四六頁）という認識は、アニミズムのことを指している。

† アニミズム的自然観の復権

近代科学は実験精神で自然現象を解明してきたが、それはともかくすると、人間と自然、主観と客観、心と身体、精神と物質とを割り切って、「モノ」を人間の対象にするところに成り立ったのかもしれない。いうなれば、自然を人間の精神活動の対象として、人間とは別のものとして捉える発想である。そうした二元論的に自然を把握した結果、自然のものにも、生命原理を読み込んで、生きていると感得する自然観は失われた。ところが、私たちの心の奥底には、そうしたアミニズム的な自然観はいまだ息づいているのである。

自ら動くものは、アニマルすなわち動物であり、あたかも生命があるかのように動かす技術は、アニメーションすなわち動画を意味するように、霊魂を意味するアニマは、生命原理なのである。モノを生きていると見る思想をアニミズムと言う。自分の大切にしている「ぬいぐるみ」に話しかけたり、ギターを抱いて撫でたり、想い出の品が特別な意味を持って生きているように感じることは、誰にでもある。しかしともすると、私たちが幼心をすっかり枯らしてしまったり、あるいは乾いた知に走ったりすると、モノはあくまで物でしかない。そうした散文的な知性の陥る人間性の危機をヘーゲルは感じ取っていた。

かつては精神と物質、霊魂と肉体、信仰と知性、自由と必然といった形式の下で意味づけられていた対立が、(……)教養形成の進展とともに、理性と感性、知性と自然、そして一般的な概念で言えば絶対的な主観性と絶対的な客観性との対立という形式へ移行している。(……)こうした最高の分離から回復されることによってのみ、もっと生き生きとした統体性が可能になるのである。

(Hegel, *Gesammelte Werke*, IV, S. 13f.)

文化のうちに刻印づけられた二元論的な対立を再び合一するような思想を生み出して、自然と人間の疎隔に調和をもたらすことが哲学の課題だという自覚がヘーゲルに芽生えてゆく。そうしたきっかけになったのが、紛れもなく近代の疎外をいち早く看取していたシラーの思想なのであった。

今日にあってことさら、アニミズムの復権を唱えるわけではない。しかしながら、アニミズム的な発想は、それぞれの〈もの〉に、ある種の「尊厳」「かけがえのなさ」を見出すがゆえに、倫理的であるとも言えよう。

5　結　び

――〈もの〉つくりの倫理――

仏作って魂入れずというのでは、仏像たり得ない。同じように、魂を込めずにものを作ったとしたら、それは本来の語義からすればモノたり得ない。生産現場にあっては、さしずめ、「魂」と言えるのは、使命（Bestimmung）や召命（Beruf）への意識かもしれない。フィヒテは『人間の使命』で次のように述べていた。

私は、私の生の各瞬間において、私がそこにおいてなすべきことを確実に知っている。そしてこれこそ私の使命が私に依存している限りにおける私の全使命である。（フィヒテ『人間の使命』中央公論社、二三九頁）

モノつくりの現場にあって「なすべきこと」は、安全に確実に正確にモノを作ることである。そのためには自らの「すべきこと」への理解がなくてはならないということになろう。それがまっとうされたなら、私たちは、生産過程における手段と紛うべき立場から解放されるであろうか。

私は、私にとって或るものが目的であるがゆえに、現に行為しているように行為しているのではない。そうではなくて、私が現に行為しているように行為すべきであるがゆえに、私にとってまさに或るものが目的となるのである。（同書、一九七頁）

私たちが生産の目的に従属せずに、生産することを目的とするためには、自分以外のために物をつくるのではなく、モノをつくることが自分の目的であるような物語を作れるかどうかにかかってくる。

製作者が、モノつくりを通して自らの物語を紡ぐことができるなら、その行為は他所事ではなくなる。その時、生産の目的に従属することなく、一人ひとりが責任主体として行為し得るようになるとともに、作られているモノは製作の目的の実現たり得ることになろう。モノつくりの倫理の成否は、生産現場でそうした物語を準備できるかどうか、にかかってくる。セル生産がとりあえず成功しているのは、作業に当たる人たちに、一人ひとりが困難な作業に立ち向かうという、向上心を刺激する物語が用意されたからなのである。かつて、私たちの間に生きていた「刻苦精励」や「勤勉」という倫理観を支えていたのが、「立身出世」という物語であったように、今、モノつくりの倫理に必要なのは、たとえそれが幻想であったとしても、私たちに生きがいややりがいを感じさせる物語だと言えよう。

第九章　私たちが自らの生を振り返ることができるのは

1　はじめに

「形」というと、それ自体は実体的な意味を持たない、何か外面的なものであって、ともすると形骸でしかないように思われるかもしれない。しかし、菊池寛の掌編、「形」を読むと、「形」こそ、世間では実体化されて通用するものであることを、まざまざと思い知らされる。「形」は、戦国の摂津、松山新介の配下の侍大将で槍の名人、中村新兵衛の「甲冑」の話である。戦に際しては、敵の攻勢に対して激浪の中の巌のように敵勢を抑え、また攻め入る際には魁《さきがけ》を担う新兵衛の輝く唐冠の兜は、敵にとって脅威そのものであった。そうした彼が守役として慈しみ育てた主君の傍腹の子から、初陣に臨んで、新兵衛が普段身に纏って闘っていた、猩々緋《しょうじょうひ》の服折りと唐冠の兜を貸して欲しいと頼まれて、子どもらしい無邪気な功名心として快く受け入れ、貸したのだ。翌朝の合戦にあっては、いつも新兵衛が纏《まと》っていた猩々緋は大活躍をしたのに対して、その日に限って黒皮縅《くろかわおどし》の冑を着て南蛮鉄の兜をかぶった新兵衛に対する敵の攻勢は凄まじく、猩々緋や兜を気軽に貸したことへの後悔の念が頭をよぎった時、敵の槍が新兵衛の脾腹を貫いていた、というのである。

新兵衛の槍の腕前がその日に限って鈍ったわけではないだろう。戦国の世の中で、戦場という空間で醸成された「槍中村」という評判は、猩々緋を着た槍の使い手こそが、その名に値するものだとみなされたものであった。ということは、中村新兵衛その人ではなく、猩々緋に唐冠の兜という「外形」こそが、「世間という空間」によって、その「槍中村」の本質とされたのであった。

その意味で、その人の本質は、普通に言われるような〈内面〉や〈心〉にはないとも言える。もとより〈心〉も、人間の〈内面〉と同じように、これだ、と指し示すことが難しい上に、〈内面〉と言っても、人体の内部の意味でないことは明らかである。その人の「本質」を示すためのレトリックとして用いられる〈心〉や〈内面〉が明らかになるのはどこか。「心ある振る舞い」や「心ない態度」と言われる場面を振り返ってみると、他者との「間」でこそ問題にされることが分かる。人間の特徴としては、言語を操ったり、社会を構成したりすることが挙げられもする。これらの営みも、他者との「間」で際立たされることになる。人間は、まさしく「間」に生きる存在なのである。本章は、そうした人間のあり方を、和辻哲郎やカール・レーヴィット、そしてヴィルヘルム・ディルタイを手がかりに、「世間」と「空間」の中で捉え直してみることを試みる。

2　ヒトの間に生きる人間

†ヒトの間に生きる人間

「私」とは掛け替えのない「自分」のことである。ところが、その「自分」とは、時に、私一人を指すだけではない。「自分」ということで二人称を指し示す地方もある。「自分のことばかり主張して……」と相手に言う場合、その「自分」とは相手のことを指す。「自分の町」というように、共同体的な広がりさえ持つ。「自分の大学では……」というように、「自分」は大学全体に広がりを見せることもある。つまり、「私」や「自分」とは、本来はこの私一人を指すものであるにもかかわらず、世間的な広がりを持っていることになる。

もとより、「人」からして、ヒトという生物的な存在としての意味だけでなく、「自分」と同じような広がりを持っている。「人のものを取ってはいけない」という場合は、他人のものを盗むな、ということを意味する。他方、「人のことはかまわないで欲しい」という場合は、自分に干渉しようとする他人に対して、相手にとって他人である私のことには、干渉しないで欲しい、という形で、相手を媒介として私自身を「人」であると主張しているわけである。

私たち人間は、人の間に生きる存在であるからこそ「人間」と称される、という把握は、和辻哲郎の『人間の学としての倫理学』で周知のところである。

人間は単に「人の間」であるのみならず、自、他、世人であるところの人の間なのである。（『和辻哲郎全集』第九巻、一六頁、岩波書店）

人の間が世の中を構成するということは、男女の間柄が古語では世の中と呼ばれたことが端的に物語っている。

人間とは、「世の中」自身であるとともにまた世の中における「人」である。従って「人間」は単なる人でもなければまた単なる社会でもない。「人間」においてはこの両者は弁証法的に統一せられている。（同書、二〇頁）

世間においてこそヒトは人間になると言い換えてもよいかもしれない。

†人と人の間にある世間

そうした世間の渡り方にはいろいろあるが、それぞれに、世界の「世」の字で構成される。「世間」を意味するWeltやWorldは、「世界」をも意味するように、ヨーロッパ語に即してみても、日本語の用法と通じるところがある上に、世の広がりは規模を大きくして、生活圏や世界全体までをも巻き込む。

「身過ぎ世過ぎ」で世渡りをする。世の中は広いようで狭い。そうした「世間」把握は、ドイツ語でも同じようである。たとえば、カール・レーヴィット（一八九七－一九七三）は、次のようにこのあたりの事情を説明している。

「世慣れた人」（ein Man von Welt）とは社会での作法を心得ている人であり、「世間通」（welt-kuendig）とは、世間の仲間（Mitmenschen）に精通している人、「世間知らず」（welt-fremd）とは、こうした世間に精通していない人、「遁世」（welt-fluechtig）とは人間を避ける人、「下世話好き」（weltlich gesinnt）とは、一緒にいる中でこそ自分の生活を享楽する人のことであり、「世間嫌い」（Welt-veraechter）とは彼の仲間の価値観を軽蔑する人のことである。「世間」（Welt）がそのことについてどういうだろうかと耳を傾ける人は、仲間の言うことに耳を傾ける人である。（K. Loewith, "Das Individuum in der Rolle des Mitmenschen," in: *Saemtliche Schriften*, Bd. 1, S.31. 以下、同書からの引用は「Rolle」と略記する）

こうした世界や世間というのは、私たちが自らの生を展開する現場でもある。そして私たちが世間を実感するのは、世間体を気にする時である。しかし、その場合、私たちは実際に何が気になるかというと、差し当たりは、隣近所の目であったり、あるいは、電車に乗り合わせた他の人の視線であったり、職場での噂になることであったり、である。すなわち、世間体とされる範囲は確定されたものではない。かといって私たちにとって未知の領域なのでもなく、私たちの活動範囲の中に含まれる領域ではあるが、その範囲は限定されたものではなく、たとえば、古町を歩く人びとという見ず知らずの他人も世間体の対象になったり、あるいは仮に、自らがニュースにでもなるような場合には、全国の人たちにまで拡張されることになる。「人聞きが悪い」というのは、世間体をはばかるという意味である。こうした場合、〈世間の目〉からすれば、自分は悪く思われるだろうことを、自ら自分と自分のしていることを対象化して確認しているわけである。その意味では、〈世間の目〉を私は自らに具えていることになる。〈世間の目〉で私たちが見るのは、自分であり、また他人でもある。自分と他人を、自分に具えた〈世間の目〉という物指しで見ているのである。

†人と人との交わりで世界が織り成されている

私たちは〈世間の目〉で見ているだけでなく、世間を生きてもいる。外に出かけて私たちが人と出会う時、私たちは、生物としてのヒトと出会っているだけではない。もちろん、買い物をした場合でも、レジで黙って商品を渡して、黙って支払い、黙って商品を受け取って、黙って店を出るというような形で、自らをたんなる機械的な動きをする人体にしてしまっている場合は、そこに現出するのはたんなる記号的な存在でしかない。しかし、知人に出会えば、人間的な結びつきが広がる。その時、結びつくもの、広がるもの、そこで和み、交わるのは、決して身体ではなく、生である。レーヴィットによれば、「人間のあり方というのは、「世界のうちにあること」であって、その「世界のうちにあること」は、「ともにある」によって規定されているのであるが、本来のともにあることとは（……）「一緒に生きる」ということと同じ意味である」（Rolle, S. 31）。

私たちが生きている世界は生活の現場である。それはたんに新潟市とか、新潟大学とかという共同体の意味だけではない。もちろん、寺尾台町内会というような自治会も、世界であり、共同体ではある。しかし、本来の共同体は、互いに共に、それぞれの生が同じ身体・組織のように有機的に結びついて生きるところに成り立つとすれば、それは、会社であったり、大学であったり、もちろん自治会であったり、生きている現場である。私たち人間は、たんなる生物としてだけではなく、ヒトの間で生きる人間として、他の人とともに生きている。その現場が〈世間〉と呼ばれるのである。

3　世間の目を自らに具えて生きる

†生きているということの意味

私たちは、生きている。そのことを生きている中においてこそ確証する。ヒトとしてたんに生物的な命を生きているだけではない。それぞれの「人生」という生を生きている。一概に「生」といっても、レーヴィットによれば、四つの意味に分類されるという。一つには、「生物学的な意味での生きている」ということである。動物的な、つまり自覚するまでもなく、事実として生きている、ということである。

二つ目に、誰それの生涯というような、「伝記的な意味での人生」が挙げられている。「生涯」ということだと考えてもいいだろう。このような生を生きる主体として人間を捉えるということは、実は大きな意味がある。それは、私たち自身、「頭で分かっても、心は別の方向へと傾く」という表現を用いたりするように、「理性と感性」とか、「心と身体」、「知性と本能」、「精神と肉」、などの対立するエネルギーの統一態として、人間を捉える見方が、西洋思想史の中では根強かったからである。こうした分裂を担った存在として人間を捉えることは、相克の中に生きている私たちであるからして理解に難くない。矛盾する思いの中で生を営むのもまた人生である。相反するエネルギーの統一態として人間を捉えるなら、往々にして、対立するエネルギーのどちらを重視するべきかという発想で倫理が語られることになる。しかし、「人生」として人間を捉えるなら、まさしく「原理的に問われるべきは、人の生涯という概念のうちにすでに見られるように、人間において、自然と精神とのどちらが存在的に優位か、ということではなく、自然と精神とがどのようにして統一されているのか」(Rolle, S. 32)ということになる。しかも、動物的な生にあっては、人生の意味や人生の軌跡、その脈絡など、生を内部から連関を持って理解することができないのに対して、人生や生涯という観点から人を捉えようとするならば、内的に連関付けられるからこそ、その人の人生行路が成り立つ。

†生き方として捉えられる人

生涯という側面から人間を捉えようとすると、それは何の誰それという一個人の生でありながら、その人ひとりの問題では済まない。もちろん、家族関係も大切であるが、友人関係、学校生活、職場での人間関係、日常生活での交友関係なども、照射されるべき側面になる。これが三つ目に類別される、共同的な、互いの間での生である。

そもそも筆者の名前からして、栗原隆という名前のうちの栗原という姓は、父方の血統、つまり特定の歴史的な共同世界から由来している。そして隆という名前は、この名前をいただいたというのは、自分自身のためだけに持っているのではなく、他人から呼んでもらえるように、他人からそういう人と思われるように、と念願されて付けられた名である。聞くところによれば、永井隆博士のご令名からインスパイアされた父親が命名したという。したがって、その意味でも社会的な意義を持っている。私自身の本来の呼び名は、「私」かもしれない。なぜなら、「この茶碗を割ったのは誰だ」と問いかけられて、答える場合は、他の誰でもないと言うことを踏まえて、「私です」と言うだろうからである。ところが、「私」とは実は私だけでなく、誰にでもあてはまる「私」でもある。したがって、「隆」という名前で他人の「私」から区別される必要があることになる。

四歳の充生《みつき》くんが「むーたんねぇ」と語り出す場合、一人称を用いることができないのは、他人も使う「僕」と自分を指す「僕」との区別を媒介づけることができないから、自分のことを名前で呼ぶと考えられる。なぜなら、私たちでさえも、自己紹介をするような、自覚を織り込まずに自分を語る場合、「栗原隆と申します。長岡高校を卒業して云々」と、まるで他人事のように第三者的に語るからである。それにむしーたん自身、「栗原僕」が本当の名前と思っていた時期があった。すると、名前はそもそも、他人の便宜のためのものかもしれない。名前を挙げて伝記的な叙述をする場合は、客観的に描出する。個人的な思いや感慨を中心に描かれる「日記」とは違って、伝記的に叙述される人の生涯は、生活表現のきわめて些細な点に至るまで、「個人のなによりもまずさまざまな同時代の生の関係によって規定されている」(Rolle, S. 37)ことになる。

伝記的に叙述されることによって、その人の特殊な生は、世間における生の相互関係の中で形成されたことが、その人自身にとっても明らかにされる。

それぞれの人に、自分は何者であるかを教える生とは誰であるか、という問いは、人間の共同生活から教えられるのである。(Rolle, S. 37)

私たちには、「世間」があるからこそ、そして「世間の目」を自らに具えているからこそ、自分を客観的に見ることができる。自分を省みることができる。私自身を見ている私とは、〈世間の目〉であると言って良い。

†人生の意味と目的を感じさせる世間の目

そうした誰それの生涯という形で人生を追う場合、私たちは、その人の何を把握しようとしているのであろうか。たしかに、その人の生涯ではあるが、決して年譜的な出来事の羅列を把握しようとしているのではない。私たちが、ある人の人生を伝記として連関の内で脈絡付けて語ることで、把握しようとしているのは、その人生の「意味」や「目的」というべきものであろう。私たちが動物と違うのも、人生の目的や意味を自覚するからである。

人間の生は、究極的、実存的にはまず、意味があるとか意味がないとかという意義付けの方向において規定される。人間が一般的に自分の生の意味そのものを問うことができるということ、――そして人間がこのように問うことができるからこそ、生の意味というようなものが存在する。このことが意味しているのは、人間の生というものが原則的に問題だということである。

(Rolle, S. 37)

意味づけられる生、これが、レーヴィットによって四つ目に類別される生である。

私たちが人生の意味や目的を問うことができるのは、共同の生の関係の中で私の人生が育まれることを通して、そこに生の目的や意味を自覚するようになるからである。すなわち、共同という世間の中で私たちは生きるからこそ、〈世間の目〉でもって自分自身を省みつつ、人生の意味や目的を捉えることができることになる。その意味で「世間」は人間が自らの生を省みる自らの「器官」「デヴァイス」でもある。

†身内としての世間

見方を変えるなら、「世間様」は外部にありながら、一種の「身内」でもある。自らの属する町内会、職場、学校、サークル、時には同じ共同体の市民、そうした人たちを私たちは「身内」として受け止め、その身内の眼差し、つまり〈世間の目〉で自分自身を捉え返すところに、「世間体」が見えてくる。自らの生の目的や意味も、一旦、〈世間の目〉を通して自分の人生を捉え返すところに自覚されることになる。「身内」意識は、私たちの人生を評価する。私たちは「身内」という世間の環境から規定されて生きつつ、その身内を自分自身として捉える。「身内」とは、身体の内部になど存在しない、外部の環境である。私たちが、〈世間の目〉を通して、「身の程」を思い知らされるという自己関係性は、まさしく「世間」の「身内」において成り立つ。世間という環境を、私たちは自ら、自分のために生かしながら、生きてもいるのである。

翻ってみるに、「環境」でさえ、私たちの外部にあるだけでない。私たちの身体の調子いかんによって、私たちが条件付けられて、行動したり、判断したり、性格や思想に影響を及ぼすとしたら、身体こそその本人の「環境」だということになる。私たちを規定する「環境」とは、「果たして私たちの内部にあるのか、それとも外部なのか、曖昧になってくる。それらは人間の主体的な内容そのものの一部だとも考えられるが、同時にまた、人間の自由な選択の意志を外側から縛ったり、そそのかしたりする環境だとも考えられるからである」（山崎正和『藝術・変身・遊戯』中央公論社、二一八頁）。

家屋も、人間の外部にあり、人間の外部環境であると同時に、人間の内面の表現でもある。その意味では、実のところ、私たちの筋肉や骨組みよりも、人間の奥深い内面を表わしていると言える。そもそも、家屋が、ウチとも呼ばれることは示唆深い。外部にあって、しかもウチなのである。ウチは、〈私〉を意味することもある。ウチでは家事は夫がすることになっています、という場合は、ウチとは家屋ではなく、家庭のことである。ウチの町内では、という場合は、ウチは町内にまで拡大するとともに、ウチでは一限は八時半から始まり、お昼休みでさえ授業時間が設定されていますという場合は、ウチは大学のことを意味する。教室のウチにいながら、ウチの公民館は、と言う場合のウチは、自治体を意味する。したがって、ウチなるものは、世界へと自らを拡張する装置だと言えるかもしれない。もとより、ウチはソトと一体のようである。「内面性の豊かな人」というのは骨太な人や内臓の大きな人のことではない。内面とは、私たちの身体の内にはない。むしろ外部に表現される教養や寛容さ、他人への理解力の深さなどを見て、私たちは、内面性の豊かな人と表現するのであろう。そしてソトなる猩々緋と唐冠の兜こそ、実はウチなる技量であり、胆力だったのである。

4　環境を選び、創り出す人

†選び取られる環境

墓地の近くに住んでいた孟子の母が、墓掘人の真似をして子どもが遊んでいるのを見て、市場の近くへ引っ越したものの、今度は商人の真似をして子どもが遊ぶので、塾のそばへと転居して、子育てにふさわしい環境を求めた、という逸話がある。この孟母三遷の教えにもかかわらず、人間も動物としては、自らにふさわしい環境を自然と選び取っているのかもしれない。書店で立ち読みしていて、気がつくと、外がすっかり暮れていて、小雨さえ降ってきていた、というような場合である。日が暮れる、雨が降り出したというような環境に私たちが規定されているわけではない。むしろ、私たちの行動が、立ち読みにふさわしい環境を選び取っている、と解釈できる。時に私たちは、その「環境」に左右されるどころか、逆に「環境」を手なずけたりして、自らを維持する。そうすると、「環境」も、「世間」と同様に、ソトとウチとの往還を境地として成り立つものだと言えよう。

環境は私たちが自覚的であれ、無自覚的であれ、選び取り、創り出すことさえ日常的に行なっていると考えられる。文教地区だからといって、そこに住んでいる学生が勉強しているかといえば疑問である「こうした観点から見れば、環境はむしろ人間の意志的な行動の「産物」であって、環境が文化を生むというより、逆に文化が環境をつくり出すというのが正確かもしれない」（山崎正和、前掲書、二二〇頁）。私たちの日本文化が花鳥風月を嗜《たしな》み、自然へと開かれた日本家屋に住まうのに対して、大切な家具が日に焼けないように、わざわざ日蔭になるマンションを好んだり、外敵から身を自助努力で守るために、扉が内開きであったり、その土地の文化が環境を作ってゆく。一人ひとりにとって、自分の趣味や好みに応じて自らの部屋を作り上げてゆくように、私たち人間にとって環境とは、たんに生態学的な環境のみならず、生に裏打ちされているものだと言える。私たちは、環境や成り行き・いきさつを通して人生を作ってゆくと同時に、自ら環境や自らの人生を選び取っている。ここにも、人間の生と周囲の世界との循環構造が見て取れる。

†体験されてこそ、空間

モリヌー問題は、視覚と触覚との、認知における優位性をめぐる議論であって、そこからは、認知における身体感覚の意義が明らかになった。ヘルダー（一七四四―一八〇三）の『彫塑』によれば、他者と触れ合うという身体的な経験が、空間概念の成立を支えるという。視覚さえも、触覚との協働によってこそ成り立つことを、ディドロを援用しつつ論じたヘルダーは、空間表象にとっての触覚の根源性を呈示した。

視覚は私たちに形態だけを示すが、触覚こそが立体を示す。つまり形であるすべてのものは、手さぐりの感覚によってのみ認識されるのであって、視覚によるなら平面へと認識される。

(Herder, *Werke*, Bd.II (Hanser), S. 467f.)

「触覚」といっても、実際に触れることだけを意味するのではない。把握とは、摑まえることであるように、「暗がりの中で手さぐりするかのように見る」(ebd., S. 474) ことでもあった。視覚の優位性を明言するディルタイ(一八三三 - 一九一一)でさえも、「空間は、視覚や触覚が、それらの感覚を切り離してバラバラに持っている独特の仕方から、一つのファクターとして導出されなければならず、現実の根本的な特性は空間とは別のファクターとして導出されなければならない」(W. Dilthey, *Gesammelte Schriften*, Bd. XX, S. 193. 以下、同全集からの引用は「W. Dilthey」と略記する) と、視覚と触覚とが協働する必要性を認めている (Vgl. W. Dilthey, Bd. V, S. 108)。

私たちの生は、時間を通して育まれると同時に、そこで生きる空間も必要としている。空間は、触れてこそ、体験されてこそ、その人の生にとって意味を持つ。その意味では、空間は座標軸のような等質的で無限に広がっている数学的な空間のようなものではない。「私」が立つところこそ、そこから前方へと空間が開かれ、左右へと空間を振り分ける空間の中心であり、私たちにとって世界とは、私たちの身体を中心に展開される。

方向付けられた存在というのは、自我においてその中心点を持っていて、身体において神経がありとあらゆる方向へ伸びているような仕方が、地平の類型である。全体のなかで私たちにとって、感覚の効果が外的なものとして、方向付けられているような仕方はまさに空間である。(W. Dilthey, Bd. XIX, S. 148)

私を中心に世界が開かれる。その体験には「触れる」ことが欠かせない。

世界がなかったなら私たちは自己意識を持たなかったであろうし、この自己意識がなかったなら、私たちにとって世界は現前しなかったであろう。こうした〈触れる〉働きにおいていわば遂行されているのは、生でこそあれ、理論的な出来事ではなく、私たちによって体験という表現において表示されるものなのである。(W. Dilthey, Bd. XIX, S. 153)

自己意識と世界との循環構造はまた、実に、他者を理解する場面にも通じる。

私たちは、〈似ているから〉という推理と同じ過程を通して他者の状態を認識する。この推論の大前提をなすのは、単なる身体的な表出(声、身振り、行為)と、私自身の内的な状態とを連関付けることである。小前提をなすものは私に知覚される他者の表出と、私自身の表出とが似ているということである。ここから、私は、他者の言葉や行為、身振りに対応する類似した内面というものを推察する。(W. Dilthey, Bd. XX, S. 198)

他者を理解する営みでさえも、自分と他人との循環構造の中で行なわれる。そして他人との交わりは、「触れ合い」と呼ばれもする。

†場と座

空間の分節的な構造の契機になるのが、「場所」と「位置」である。

空間とは、その中にすべてのものが自分の存在する席、自分の場所、あるいは自分の位置を持っている包括的なものである。（O・ボルノー『人間と空間』せりか書房、三七頁）

空間（Raum）はまた、空き間（Zimmer）である。集会室は、集会の空間と言わず、集会の場所（Ort）と言うところからも、空間と場所と違うことが分かる。空間は、「空き地」「隙間」でもある。「余地を与える（Raum gewaehren）」とも言われる。

つまり、ラオム（Raum）とは、その最も広い意味において、運動のための「余地（Spielraum）」であり、物と物との間の「間隙」であり、人間の周囲にある「空いている場所」のことである。（同書、三三頁）

「隙間産業」とは、ビルの隙間に位置している産業の謂いではない。空間も隙間も、物理的な意味だけで語られるわけではない。

場所（Ort）については、「空間」が拡張されもするし、また中心を持つのとは違い、「正確に固定されている地点」のことであって、「この特定の箇所に布置されている」（同書、三九頁）。とはいうものの、「居場所探し」というのは必ずしも場所を探しているのではない。むしろ、自らの生き生きとする境遇を探しているのであろう。その意味では、「所を得る」というのは、たんに物理的な場所のことではなく、まさに境地のことである。「所替え」とは要するに転勤のことである。「場違い」も場所をも違えたわけではない。ただ、「座を変える」ように人は、「場を変える」ことはできない。「場繋ぎ」とは、場所と場所とを繋ぐことではない。「座（Stelle）」については、「座が白ける」というのは、その場所が白くなることではない。「場・座が持たない」のは、雰囲気のことである。「席を失った」というのは、座布団をなくしたという意味ではない。「席を占める」というのは、「座席を確保することではない。

このように、空間も場所も場も所も座に至るまで、単に物理的なものではなく、人間にとっての意味を持っている。すなわち、人間によって体験されてこそ意味を持つということになる。その意味で「体験されてこその空間」だと言えよう。ここにも、ウチとソトとの循環が成り立っている。

5　代を作り、歴史を生きる

†時間的でもある世

和辻哲郎によれば、「世はまず第一に「代」であり「時」であった」（和辻哲郎全集第九巻『人間の学としての倫理学』二五頁）という。これまで私たちは、私たちの生きる生活の現場として、「世間」という世の中について見てきた。「人の間」や「世間」、「共同体」、さらには「空間」や「環境」を体験することを通して、私たちは、自分でないものを自らに同化しつつ、自らを拡張するデヴァイスとして、「世間の目」とか、生の「意味づけ」などの機能を身に具えていることを確認してきた。そして、そうした意味づけは、私たちが生きている時間の中でこそ行なわれるのである。たしかに、物理的な時間は流れ去るが、人間一人ひとりにとっての時間は、自らの体験の中で生かされている。このように、人によって体験される時間を分析した哲学者が、ディルタイであった。

> 生のうちには、他のすべての規定の基礎となる、生の第一のカテゴリーの規定として、時間性が含まれている。このことはすでに、「人生行路（Lebensvorlauf 生涯・経歴）」という表現からして明らかである。（W. Dilthey, Bd. VII, S. 192）

すなわち、「生」を根本的に規定するものとして、「時間」を捉えたのである。生は、時間をかけて、時間を通して育まれる。そして時間こそ、生の限界をもたらしもする。さまざまの時を超えて形成される生、それらを通しても、私は私であるといえるのはどうしてなのか。

人生行路はさまざまな部分から成り立っていて、互いに内的に連関し合っているさまざまな体験からできている。それぞれ個々の体験は、〈自己〉に関連していて、その部分になっている。それは構造によって他の部分と結び付けられていて、一つの連関となっている。私たちはすべての精神的なものの内に連関を見出す。（……）私たちが連関を捉えるためには、意識の統一に拠らなければならない。（W. Dilthey, Bd. VII, S. 193）

私たちにとって物理的な時間は流れ去りはするものの、〈私〉の連続性がある限り、記憶や経験という形で、個々の事象は私たちのうちで脈絡を持ってくる。それによって初めてそれらの事象は、私たちにとって意味を持ってくるわけである。このことは二つのことを意味する。すなわち、その時その都度に営まれたさまざまな体験を通して、一貫した人生における意義が、脈絡を通すことによって成り立つとともに、それによって、〈私〉が〈私〉であり続けることができるようになる、ということである。自我の連続性へと収斂する、と言って良いかもしれない。

時間の流れが統一的な意義を担うからこそ、その流れの中で、現在における統一が形成されるのであるが、それは、私たちが体験と呼ぶことのできるもののうちでもっとも小さな統一である。さらに進んで、生の諸部分が中断的な出来事によって互いに切り離されている場合であっても、人生行路に対する共通の意味によって結合されている時、これらの生の諸部分をさらに大きく包括しているそれぞれの統一を、体験（Erlebnis）と呼ぶ。（W. Dilthey, Bd. VII, S. 194）

ディルタイによれば、自らの人生の意味や目標を自覚してこそ、自らの生における個々の体験が統一的な連関を持つ、ということになる。

† 体験を通して理解される生

人生行路は、個別的な事象から成り立っているが、それぞれが互いにその人の人生の目的や意味を自覚している中でこそ、互いに連関しあうとともに、〈私〉を形作る要素となっている。

生の過程は、部分から成り立ち、互いに内的に連関しあっている体験から成り立っている。それぞれ一つ一つの体験は一つの〈自己〉に関連付けられると、その部分になっている。（W. Dilthey, Bd. VII, S. 195）

体験を「いきさつ」と呼び替えるなら、人生の成り行きのあやが際立つ。

> 私たちの生全体が一切の個別的な出来事とともに、唯一のいきさつ（Vorgang）であって、これは、〈自我－意識〉とともに始まり、その認識とともに変化する。つまり、この〈自己〉としてのいきさつなのである。（W. Dilthey, Bd. XIX, S. 198）

体験の豊かさは、人生理解の豊かさに繋がる。日常的な体験しかしていない場合には、生に対する理解はその範囲に留まる。個別的な体験しかしていない場合は、人間理解の範囲はそれだけに留まる。

> どのような精神的な事実内容（Tatbestand）であろうと、こうしたことについての私たちの知識は、体験からしか得ることができないということは論議をまたない。私たちが体験したことのない感情を他人のうちに再発見することなどできない。（W. Dilthey, Bd. VII, S. 196）

逆説的に言うなら、自分を理解できる程度にしか、他人を理解できない、と言えるのかもしれない。

† 伝記によって、外面的な出来事を人生の意味と関連付ける

人生を理解する一つの典型として「伝記」があることは、レーヴィットに即しても見てきた。これ

は他人の生を客観的に理解する現場でもあるが、私たちは他人の伝記ではなく、自らの半生を省みて、自らの歴史を綴る場合もある。「自伝」である。

自伝こそ、生の理解が私たちに顕れる最高の形式であり、もっとも教えられることの多い形式である。ここでは、生の過程・生涯は外面的なもの、感性的に現象するものであって、ここから理解は、ある特定の境遇（Milieu）の内部でこの経歴をもたらしたものへと迫ってゆく。しかも自伝においては、この生涯を理解する人と、この生涯を生み出した人とは同一である。ここから理解の特殊な親密さが生じる。自らの人生の歴史の中に連関を求めるその同じ人が、（……）自分の人生の連関をさまざまな観点の下で形成してきたのである。（W. Dilthey, Bd. VII, S. 200）

人生を綴ってみてこそ、初めて、外面的な出来事を外面的に過ぎ去ったものとしてではなく、自らの経歴を生み出したものとして、捉え返すことができる、というわけである。

† 人生の意味が知らされる世間

自伝を書く場合だけではない。私たちが自らの人生を省みて、自らの人生の目的と意義とに照らして、個々の事象を捉え直す時、それらは、ばらばらに切り離された出来事ではなく、必然的な意義の相を帯びて、見えてくるであろう。

私たちは思い出しながら省みる時、人生の切り離された諸々の分肢を繋ぐ連関を、それらの意義というカテゴリーのもとで捉える。(W. Dilthey, Bd. VII, S. 201)

私たちは、自らの体験を手がかりに、自分自身を捉え直すのであるが、そうして捉え直すことができるからこそ、そこに自らの体験が人生にとって必要な一コマであったと自覚され直す。そうした人生の現場は、歴史的な時間において育まれるとともに、「世間」こそそうした人生の現場であった。世間という共同こそ、私に私の人生の意味と目標を自覚させる概念装置にほかならないのである。

「世」はまた人の社会を意味する語である。棄世、遁世とは人の社会から脱出することであり、世情、世態とは人の社会の有りさまである。しかもその社会は、世途、世路というごとく何らか場所的なものとして理解せられている。(……)すなわち一方においては「代」であるとともに、他方においては世に出る、世を捨てるというごとく社会を意味している。世渡り、世すぎはこの社会において生きて行くことである。(『和辻哲郎全集』第九巻、二五頁)

6 結び

「立身」が考えられなくなって久しい。パラサイトのように生きていくことさえできるからである。しかし、自らの「代」を自覚し、「代替わり」を担うべき子どもを育てる時、人生の意味に日々直面せざるを得ない。私たちの人生という小舟は、絶えず世の流れに押し流されている。私たちが、悩みながら、思い出しながら、であれ、他方で望みを抱きながら、実現されるべき生活を自覚しながら、さまざまな葛藤の波間を渡っていこうと思う限り、私たちは常に充実した思いで、現在を生きることになろう。過去を振り返って、過去に拘ってみても、それは、私たちには変えようのない出来事でしかない。ただ、その体験の持つ意味については、今生きる、これから生きるなかで、活かしたり、変えたりしてゆくことができよう。その意味で、「私たちは未来に対して向かうなら、活動的で自由であるのを感じる」(W. Dilthey, Bd. VII, S. 193) ことができる、と言えるのである。

そのようにして渡っていく、身を立てる〈空間〉こそ、私たちが求めて止まない、そして生きている限り、必要なものである。立つ瀬であり、寄る辺なのである。

いかなる心理的な事実も、ある出来事のいきさつもしくは部分であって、そうした事実はすべて波のように生起して、波が共通の境地において、すなわち〈私〉の、〈自己〉の、〈自我〉の、出来事の地平の、行為の、海において見出される刹那に、消えてゆく。そしてこの境地もまたそれ自身、いきさつなのである。これが、〈自己〉の生涯である。(W. Dilthey, Bd. XIX, S. 198)

私たちは、こうした波間を立つ瀬として、境涯として、寄る辺を頼りに生きて行く。

第十章　大人になるとはどういうことか

1　はじめに

「青春の喪失」が語られるようになってすでに久しい。自らの正義感と社会の壁との軋轢《あつれき》に苦悩し、人間関係の葛藤に煩悶した「青春」は、振り返ってみると眩いほどに貴重なものであるのだが、今はその輝きを喪ったのではなく、「青春期」そのものが消えてしまったようである。入学してきた若い学生を見ていると、初々しくも晴れやかな、少年・少女らしさを宿したひたむきな姿から、躊躇や逡巡、戸惑いに基づく内省などのないまま、打算だけは働く、タフでしたたかな大人の行動様式へと、一転して変わって行く。「努力」や「頑張る」ことは敬遠され、その時その場を楽しく、傷つけあうことをひたすら戒め、和やかに過ごすことが大切であるかのようなその行動からは、かつて「青春」を過ごした人たちが、時に自らに厳しく、あるいは周囲との相克を耐えながらも、志の実現に向けて勤しんだ姿を垣間見ることはできない。

「青春」と呼ばれた時期の特徴を、ヘーゲルは、『エンツュクロペディー』の「精神哲学」において次のように講じていた。

子ども時代は自然的な調和の時代、主体が自己自身ならびに世界と和睦している時代です。――老年時代が対立のない終焉であるように、対立のない始まりなのです。子ども時代にいわば対立が現出しても、そんなに根深い関心・利害があるわけではありません。子どもは無垢のうちに生きていて、持続する苦痛などなく、両親への愛のなかで、両親に愛されているという感情の中で生きている。個人がその類や世界一般との間に、こうした無媒介的な、それゆえ非精神的な、純然たる自然的な統一を結んでいるということは、止揚されざるを得ません。(……)若者は、彼が、理念の本性に属する実体的なものの規定を、すなわち真にして善なるものを、自己自身に帰せしめるのに対して、世界に対しては、偶然的なものの規定、偶有的なものという規定を帰せしめるというやり方で、世界において実現されている理念を解消します。こうした真ならざる対立に際して立ち留まっていてはなりません。若者はむしろ、こうした対立を超え出て次のことを洞察するまでに自らを高めなければならないのです。すなわち、反対に、世界が実体的なものとして考察されなければならないのに対して、個人はたんに偶有性として考察されなくてはならないとか、――そこで人間は、自分に断固として対立していて、自立的に自らの行程を辿っている世界においてのみ、自分の本質的な確証と充足を見出すことができる、そしてだからこそ人間は、事象のために必要な技量を自ら身につけなければならないという洞察までに自らを高めなくてはならないわけです。――この立場に到達すると若者は大人になっています。自分自身のうちでできあがると、大人は人倫的な世界秩序をも、自分によってこそ初めてもたらされたものとしてではなく、本質的な部分においてすでにできあがったものとして考察するわけです。こうやって大人は、事象に対して賛成して行動するのであって、反対するものではなく、いやいやながらではなく、すすんで事象に対して賛意をもって興味・関心を寄せるのです。そういうわけで若者の持つような一面的な主観性を超えて高まっていて、客観的な精神性の立場に立つことになります。

(G. W. F. Hegel, *Werke in zwanzig Bänden*, Bd. X, S. 77f.)

現状肯定的な大人に対して、若者は理想主義に走るという一般的な図式が踏まえられる中、自己中心的で主観的であるところに、その理想主義の限界が見定められている。そこに、無媒介性から媒介を経て発展する、という理路が重ねられる。世界に対する態度が、子どもと大人とを分けるというわけである。

他方、一定の年齢に達すると、成人として認められるのも事実である。就学年齢に始まり、免許の取得、契約や結婚、選挙権、そして遺言書など日常生活のさまざまな場面でそれぞれに、資格を得る年齢が定められている。もし、大人として振る舞うことのできる能力が実際には一人ひとり違っていて、年齢で一律に定めることができないという考え方に立脚するなら、一人ひとりにその資格を検証することが必要だということになろう。古くからの習わしのように、バンジー・ジャンプや修験の登山などの試練を経て〈子ども時代の死と大人としての再生〉という形で大人社会に加入することが許されたり、あるいは、何らかの試験に合格することによって、大人だと見なされなくてはならないことになる。ある意味では今日の日本では、一般にその境い目は、就職を契機として一人前になるというところに見定められているのかもしれない。だからといって、就職しさえすれば大人かというと、必ずしもそうでないのも言わずもがなである。大人になるとはどのようなことを言うのであろうか。

2　不特定多数の立場にわれとわが身を置いてみる

†自分で自らを市民たらしめることのできるのが大人の市民である

一人前の大人であるということは、社会人という言葉に端的に言い表わされているように、市民社会への参入ということを捨象することはできない。その市民社会は社会的正義なくしては存立しえないのは自明のことである。もとより、理性的存在者の自由と権利の圏域が衝突しかねない市民社会が存立すること自体、倫理的な課題でもあった。市民社会の成立期にあたってカントは、「自然が解決を迫っている人類最大の問題は、普遍的に法を司る市民社会を実現することである」（カント「世界市民的見地における普遍史の理念」『カント全集（14）　歴史哲学論集』岩波書店、一〇頁 I. Kant, *Werke in sechs Bänden,* Bd. VI, S. 39）との認識を示していた。「この社会には最大の自由があり、それゆえその成員が全般的に敵対関係にありながら、他人の自由と共存しうるようにと、自由の限界をきわめて厳密に規定し保証している」（同上）とする見方は、今日でも、市民社会にあってその実現が求められる課題でもある。「他人の指導なしには自分の悟性を用いる能力がない」（カント「啓蒙とは何か」同書、二五頁 I. Kant, *Werke in sechs Bänden.* Bd. VI, S. 53）ような未成年状態から抜け出ることを、カントが「啓蒙」として捉えたのは、あまりにも有名な把握である。ところがカントは次のようにも言う。

> ほとんど自分の本性となっている未成年状態から抜け出ようと努めるのは、個々の人間にとっては困難である。それどころか各自が未成年状態でいることが好きで、自分自身の悟性を用いるのは差し当たりは事実上、不可能である。なぜなら、そうした試みは一度もさせてもらえなかったからだ。（……）しかし、個々の人間ではなく公衆が自らを啓蒙することはむしろ可能であり、公衆に自由が与えられさえすれば、啓蒙されることはほぼ避けがたくなる。（同書、二六頁 ebd., 54）

ここでカントが、個々の人間にとって自らを啓蒙することは困難であるが、公衆としては自由さえ与えられているなら可能だと見極めるのは、教会の法令や決まり文句を教え込まれて一人ひとりが足枷に繋がれているような「宗教に関する事柄」に着目しているからである。それだけに、個性や独創性を発揮することが抑えられる教育の下で育てられた人たちにも通じる傾向であるかもしれない。とはいえ、「個々の人間」としては大人になりにくいのに対して、自由が実現されている場合には「公衆」として自らを啓蒙することが可能になるということはどういうことであろうか。しかもカントはそこに「公共体全体の成員」、「世界市民社会の成員」(同書、二八頁 ebd., S. 56)、つまり市民の成立を捉えるとともに、こうした市民に対して理性が使用される場合こそが、「理性の公共的使用」だと述べているのである。

†不特定多数に向けて自らの責務として言説を問うこと

理性の「公共的」な使い方というのは、奇妙な言い回しではある。ここでは、理性の「公共的」な使用と、「私的な」使用とが対比されて、説明される。

> さて私が、自分自身の理性の公的使用だと理解しているのは、誰であれ、読者世界の全公衆を前にして学者として理性を使用する場合である。私が私的使用と名付けているのは、ある委任された市民としての地位もしくは官職において、その人に許される理性使用のことである。(同書、二七頁 ebd., S. 55)

理性の「私的使用」については、その人独自の立場、境遇、職務についてのみ許される仕方で理性的な言説を用いることが意味されているのに対し、「理性の公的使用」については、その人であるか否かを問わず、その能力を有している限りの人ならば誰であれ、読書する能力のある、つまり社会的な身分階層を問わず、知的である不特定多数の一般市民に対して広く、自らの責務として理性を用いて自らの言説を問う場合のことだ、というわけである。

たとえば、大学の倫理学の教師が、倫理学の論文で自らの言説を展開したり、公開講義を行なったりするのは、外からの批判に対して開かれているところから、理性の公的使用と見て良い。それに対して、理性を私的に使用する事例として、さしずめ、倫理学の教師がその趣味と立場を生かして、勤務校で「音楽」の講義をしたりする場合が想定されよう。もちろん、これも許されることではあるが、大学の手続きに従い、段取りを踏まえて、機関決定に従わなくてはならない。決して、出講手続きや段取りを無視するような傲岸不遜は許されてはならない。自分のしていることを他人の眼で眺めてみる反省的思索こそ市民生活を成り立たせる。

カントは「超越論的人間学」の構想の中で次のように述べている。

自分の学問の価値を控えめに判断し、また学問にとり憑かれた人が身につけてしまううぬぼれやエゴイズムを抑えるために、学者に人間性を与え、そうして彼が自分自身を誤認したり自分の力を過信したりしないようにしてくれる何かが必要である。／私はこの種の学者をキュクロプスと呼ぶ。彼は学問のエゴイストであり、こういう人には、自分が見ている対象を他の人々の視点からも眺めさせてくれるような、もう一つの眼が必要だ。学問の人間性、つまり自分の判断を他人の判断とつき合わせるだけの、判断の社会性は、ここに基づくのである。（カント「人間学遺稿」『カント全集（15） 人間学』岩波書店、三八六頁）

キュクロプスとは一つ目の巨人のことである。いかなる専門分野であれ、その専門性に囚われてしまうと、自己自身の認識を測る目安が失われてしまうことが、一つ目の巨人で寓意されている。もとより「一つ目の巨人」は自己内反省の回路が内在されていないがゆえに、うぬぼれた「巨人」なのである。これに対して、自分の立ち居振る舞いを不特定の他者の眼差しをもって反省するところに、公共性への意識が拓かれもしよう。自らの行為を公共性に照らし合わせて導くことのできる眼差し、そうした想像力を持つ市民は、自分の立場からしか狭いものの見方しかできない「一つ目の巨人」の対極に立つ「二つ目の市民」（坂部恵『理性の不安』勁草書房、五四、五八頁）と呼ばれて然るべきなのかもしれない。私生活を送り、自らの関心・利益を実現しようとしながらも、公益、すなわち不特定多数の利益に適った生き方をもするところにこそ、市民生活が成り立っている。市民社会は、不特定多数の人に開かれていて、不特定多数の交流によって成り立っている。こうした公共性へと開かれた心性は、自分のしていることを、自ら他者の眼差しで眺めてみることができるところに成り立つ。

†自分で自分を律することができてこそ大人の市民

カント自身は、「普遍的な世界市民的状態がいつの日か実現されると希望」（カント「世界市民的見地における普遍史の理念」『カント全集（14） 歴史哲学論集』岩波書店、一九頁 I. Kant, *Werke in sechs Bänden*, Bd. VI, S. 47）すると述べていた。このこと自体、まだ市民社会が実現されていないという認識に立って、あるべき市民社会における市民性について構想していたことを物語っている。「われわれは芸術学問によって高度に文明化されている。さまざまな社会的礼節さや上品さにおいて煩わしいまでに文明化されている。しかし、われわれがすでに道徳化されていると考えるためには、まだ非常に多くのものが欠けている」（同書、一六頁 ebd., 44）という認識からは、カント自身が名前を挙げているようにルソーの『学問芸術論』への共鳴さえ聞こえてくるのである。

ルソーは『社会契約論』で、「各構成員の身体と財産を、共同の力のすべてをあげて守り保護するような、結合の一形式を見出すこと。そうしてそれによって各人が、すべての人々と結びつきながら、しかも自分自身にしか服従せず、以前と同じように自由であること」（ルソー『社会契約論』〈岩波文庫〉岩波書店、二九頁）を社会契約の課題としていた。しかし翻ってみるに、〈すべての人々と結び〉つくことと、〈自分自身にしか服従しない〉という「自由な心で服従」（同書、六五頁）することとは一見矛盾する課題のように思われる。なぜなら、〈自由〉というのは各個人が自らの行為に外部から制限を加えられることなく、自らの思いのままに振る舞うこととして理解される反面、〈共同〉してゆくためにはそうした自由を抑えなくてはならないように思われるからである。しかしながらルソーは〈自由にして共同〉を実現することを社会契約の課題として目指したのである。「各人は自己をすべての人に与えて、しかも誰にも自己を与えない」（同書、三〇頁）ということ、「市民が自由であるように強制される」（同書、三五頁）ということ、こうした一見矛盾するような課題を果たすところに、ルソーは市民を捉えていた。

すなわち、人間は、〈私人〉としては、私利私益への利害・関心を抱く「特殊意志」を持っているとともに、〈市民〉としては、「共通の利益だけをこころがける」（同書、四七頁）一般意志をもあわせ持っている、と考えられたのである。「各個人は、人間としては、一つの特殊意志をもち、それは彼が市民として持っている一般意志に反する、あるいは、それと異なるものである。彼の特殊な利益は公共の利益とは全く違ったふうに彼に話しかけることもある」（同書、三五頁）。これに対して「一般意志は、つねに正しく、つねに公の利益をめざす」（同書、四六頁）というわけである。したがって、市民が、公共の利益に配慮する自らの一般意志の指導に従うところに、何をしても構わないという自然的自由と一切についての無制限の権利を失いこそすれ、市民的自由と所有権とを得ることができる、これがルソーにとっての社会契約の成果であった。すなわち、公共性の実現が図られる際に、他者ではなく自らに従うのであるから自由だということになるわけである。「人間をして自らのまことの主人たらしめる唯一のもの、すなわち道徳的自由」（同書、三七頁）を獲得するというわけである。

たしかに、ルソーの社会契約にあっては、公共と個々人との相互の約束という面もあるのも事実であるが、同時に「自分自身と契約している」（同書、三三頁）ともいう。一般意志も特殊意志も自らのうちに担うとともに、自らの一般意志の指導の下に服することのできるというところに、カントの自律に通じる思想構造を捉えることができる。カントにおける啓蒙の課題とあわせ捉えるなら、公共の利益を把握した上で、自分で自分を律することができるというのが、啓蒙された大人の市民の証しだと言うことができるかもしれない。

3　自由は不特定多数の共同の権利として主張された

†良心とは個人の内面だけでなく、共同を結ぶ拠り所でもあった

ルソーにおいて見られた〈自由にして共同〉を実現しようとする理路は、振り返ってみるならば、社会契約論の歴史の源流からすでに見られた考え方であった。ピューリタン革命の時期の、平等派や真正平等派の政治文書からは、今日では矛盾すると思われるかもしれないが、〈自由〉が〈共同〉において実現されると考えられていたことがうかがえる。特定少数者にだけ自由が保証されるのではなく、不特定多数の市民が共同して生きてゆくところに自由の実現が捉えられていたのである。

「自分だけを目的とする愛、自分たちだけの自由を得ようとする努力、そういうものは自己愛とか自尊心と呼ばれるものにすぎない。各人が目指すべき共同の自由とは、共同［の権利］のすべてを損なわない程度の各人の個別的権利である」（『自由民への訴え――ピューリタン革命文書選』早稲田大学出版部、八三頁）。「共同の善」（同書、七八頁）を増進させることを目指し、「万人の平和と団結」（同書、八三頁）

を図るために、「理性にのみ服従する良心」（同書、八六頁）の自由に立脚しなくてはならないというのが、ウィリアム・ウォルウインによる「情深いサマリヤ人」（一六四四年）の論旨である。ここで良心の自由とは、内面の自由を意味するだけでなく、共同する自由の拠り所ともなるものであった。

リチャード・オーヴァトンの「自由民への訴え」（一六四七年）でも、「自然の根源的な原理である」（『自由民への訴え――ピューリタン革命文書選』早稲田大学出版部、一六五頁）理性に基づいて、「共同の権利と自由を回復するために」（同書、一六六頁）、「公共の安全と共存と平和」（同書、一七七頁）が実現されるべきことを訴えている。

人民の安全がなければ、人間の社会と共存も人間の生命もあり得ない。この生命こそ、人類（……）の地上の至高の財産として、この世の他のあらゆるもの以上に守られねばならない。人類は、この地上で保存されねばならないからである。すべての人の子らは、この保存に加えられる平等の資格を生まれながら持っている。（同書、一七七頁）

すべての人は共存への等しい権利を有していると主張する論旨は、独立派の文書である「正義と力の調和」（一六四九年）において、「自由な国民の共同の利益と権利」が良心に向けて訴えかけられているところにも見て取れる（同書、二三二頁参照）。

†共同する自由

ディガーズの指導者、ジェラード・ウィンスタンリーの「自由の法」（一六五二年）においては、「真の自由は大地の自由な享受に在る」（『自由民への訴え――ピューリタン革命文書選』早稲田大学出版部、二四九頁）とする土地共有制の観点に基づいて、「共同の自由」（同書、二六一頁、二六八―二七一頁）、「共同の平和と自由」（同書、二六二頁）を実現する法の根源の第一のものは、「共同の保存」（同書、二六四頁）に見定められている。他方、弱者や愚者の平和・自由・保存を顧みない場合は「不義の法」（同書、二六四頁）だとされる。したがって「すべての真の官憲の仕事は、万人にとって正しい統治・保存・平和の根本であるところの共通の法を維持することである。またあらゆる私利私欲を目的とする原理を投げ捨てることだ」（同書、二六五頁）と、私権の放棄さえも語られているのである。

ピューリタン革命期の政治的文書を瞥見すると、その中から醸成された概念である「権利」とは、一般市民の自由を実現するために発明された概念装置であって、自由の権利とは、決して自分のしたいことをするという自由ではなく、また自己保存のためなら何をしてもいいという自由でもなく、むしろ共同して生きてゆくことの自由であったことが看て取れる。そこには、自然状態論におけるような、自然権が無制限に追求されるという発想はない。

「権利の請願」によって認められた「自由民の権利と自由」（同書、一一五頁）を前提としていて、「衡平・法・正義・良心」に向けて、実際に締結されたイングランドとスコットランドの同盟である国民契約の実現を訴えかけていることからしても、自然状態を前提とするホッブスの『リヴァイアサン』とは、その思索の構造も道具立ても違うことを確認しなければならない。自由という理念や公共の利益を実現する拠り所が、内面の知でもあり共同の知でもある「良心」つまりは「理性」に見定められている。

理性的なるもののみが（……）つねに合法的であることができる。合法的なものは、まったく純粋に理性的である。（同書、一六四頁）

自由の実現は特定の一人の専制者にではなく、一般市民という不特定多数の共同に求められていたのである（同書、二四七頁参照）。

こうした文脈で「権利」の発生を捉え返すなら、市民が共同して生きてゆくための概念装置として、発明されたと言ってもいいかもしれない。そうなると、今日、ややもすると錯覚されがちな、「自殺権」などはあり得ない矛盾概念であることが分かる。

† 最高の共同は最高の自由である

自由が、抽象的に外部性の存在しないところに捉えられるのではなく、むしろ不特定多数の市民の共同するところに見られているということで想起されるべきは、ヘーゲルの「最高の共同は最高の自由である」（G. W. F. Hegel, *Gesammelte Werke*, (Felix Meiner) Bd. IV, S. 54. 以下、GW と略記）という考え方である。これはイェーナ時代の『差異論文』で、フィヒテの『自然法論』における機械論的な〈悟性国家論〉を駁する文脈で主張された考え方である。フィヒテによれば、「人間という概念は類という概念である」(J. G. Fichte, *Gesamtausgabe der Bayerischen Akademie der Wissenschaften.* (F. Frommann) Bd. I-3, S. 347. 以下GAと略記)が、理性的存在者が主体たり得るのは自らの外部に他の理性的存在者を対立的に想定する(Vgl., GA, I-3, S. 349)ことによるという。彼らは自由な理性的存在者である以上、それぞれ自分の自由の領域を設定する(Vgl., GA, I-3, S. 350)。しかし、平和状態、すなわち社会において相互に安全に生きるためには、他者を侵害してはならない。主体と他の理性的存在者とは、相互に条件付け合っている中で、それぞれの自由を自ら制限しあうというわけである(Vgl., GA, I-3, S. 350)。こうした「知性と自由とによる相互作用の関係」(GA, I-3, S. 351)、理性的存在者相互の「法関係」(GA, I-3, S. 358)を拓く契機をフィヒテは「相互承認」として論じたのであった。

フィヒテにあって承認論そのものは、「自由な存在者そのものの共同はいかにして可能であるか」(GA, I-3, 383)という問いへの応えであった。しかしフィヒテは、社会において相互承認が成立する前哨として、「汝の隣の他人も自由であり得るように、汝の自由を制限せよ」(GA, I-3, S. 387)と、個人における自由の制限を求めた。これに対して、「理性的存在者の共同は、自由の必然的な制限によって制約されているものとして現われる。(……)そして制限の概念が自由の国を構成する」(GW, IV, S. 54)という『差異論文』の論述はフィヒテの承認論を批判したものであった。むしろヘーゲルの見るところ、「人格と他の人格との共同は、本質的には、個人の真の自由の制限としてではなく、むしろその拡張と見なされなければならない。最高の共同は最高の自由なのである」(GW, IV, S. 54)。

†公共的なものの実現のために自らを犠牲に供する

しかしヘーゲルにあっては、私的で個別的なものを、公共的で普遍的なもののために犠牲に供するという論理が一貫されてもいた。それというのも「ドイツ的自由」だとヘーゲルをして嘆かせしめた頑なな自立性に固執するドイツ人が、「自らを克服して、個々の部分がその特殊性を社会のために犠牲に供し、こぞって普遍者の内へと合一して自由を至高の国家権力への共同の自由な服従のうちに見出す」(GW. V, S. 58: G. W. F. Hegel, *Werke in zwazig Bänden* (Suhrkamp) I, S. 465f. 以下、SW と略記) 理路の構築を目指していたからでもあった。私たちはここに、ルソーに通じる問題構制を見て取ることができよう。すなわちルソーの問題設定は、「各構成員の身体と財産を、共同の力のすべてをあげて守り保護するような、結合の一形式を見出すこと。そうしてそれによって各人が、すべての人々と結びつきながら、しかも自分自身にしか服従せず、以前と同じように自由であること」(ルソー『社会契約論』〈岩波文庫〉岩波書店、二九頁) であった。ルソーによれば、各人が自らの特殊利益を慮《おもんぱか》る特殊意志ではなく、市民として持っている公共的な利益を志向する一般意志に従うことによって、社会契約の課題である共和国の設立は実現されるのであって、自分自身に従うから市民は自由だ、ということになる。

自由はルソーにあっては自律の自由として考えられていた。これに対してヘーゲルにあっては、最初期こそ「(自分自身で自分の法を立て、その法の取り扱いに対してはひとえに自らに責任があるという）権利を譲渡するならば、その人は人間たることを止める」（SW. I, S. 190）とまで、「自律」の自由に肩入れしていた。しかし、カント主義的な自律を批判するようになった頃から、ヘーゲル独自の思索が始まる。現実認識に裏打ちされた自由観がヘーゲルにあって醸成されていった。「自由と叫んでも、何の効果もないだろう。アナーキーは自由から区別されなくてはならない。自由のためには確固たる統治府が必要だということは、深く刻印付けられた」（GW, V, S. 149: SW, I, S. 572）という把握に基づいて、「代議団体なくしては、もはやいかなる自由も考えられない」（ebd.）とする。ヘーゲルには、あらゆる近代国家は代議制度によって存立しているという認識があった（Vgl, GW, V, 115: SW, I, 536f.）。だが、その裏には、統治府は対外的な安全と国内的な治安を維持するために必要不可欠な権力を組織することを使命とする一方で、経済領域を国家のうちに位置づけることが緊要の課題だという認識があった。それはすなわち、〈公共的生活の原理〉と〈私的生活の原理〉との対立を調停することを思想的に試みるという問題である。

4　したいことを探すより、するべきことこそ重要である

†公共的領域としての国家と私的領域としての市民社会

ヘーゲルは「自然法論文」（一八〇二年）でギリシア悲劇の『オレステース』を借りて、アポロンやオレステースに代表される公共的世界の論理と、クリュタイメストラやエリニュスに代表される家に

体現される私的な世界の論理との争闘を描いた上で、アテナ女神の調停によってエリニュスが共同体を慈しむ女神であるエウメニデスへ祭り上げられるドラマを「人倫的なものにおける悲劇」（GW, IV, S. 458）として論じた。この一見ハッピーエンドと思われる大団円が「悲劇」なのである。無媒介的な人倫的生活の原理と、また同じように無反省的な家族生活の原理とが、オレステースをめぐって対立し合う中で、アテナイ市民の前でそれぞれの限界・分際を知らしめられ、法の下の共同が創出されたのが女神アテナの裁きであった。もはや古典古代の共同体において具現されていた無媒介的な統一は亡びを迎えるに至って、人倫的共同体は「自分自身の一部を意識的に犠牲とすることで、否定的なものに権力と領国とを譲渡する」（GW, IV, S. 485）ところに捉え直された。これがヘーゲルによるオレステース解釈であった。すなわち、私的生活の原理と公的生活の原理とをいかに折り合いをつけるかという問題をオレステース悲劇に仮託してヘーゲルは、勃興しつつあった市民社会を国家という法的共同体の中でいかに統御するかという、当時の社会的な課題に見極めをつけようとしたのであった。

†一人ひとりの個別的な利害にこだわる意識を犠牲に供する論理

公共的なもの、普遍的なものが共和国を意味するなら、私的なものは「家庭生活」（SW, I, S. 205）を、そして家政から発展した経済活動を意味する（深澤助雄「人倫における悲劇」『RUNEN』第八号参照）。もとより、アリストテレスが明確に述べたところによれば、「家政術と政治術とはたんに家と国家が違うほどに異なるのみならず（……）また政治術が多数の役人の仕事であるのに反し、一方家政術は一人の支配であるという点でも異なっている」（アリストテレス「経済学」『アリストテレス全集（15）』岩波書店、四二七頁）。したがって、「人倫における悲劇」論は、自己利益を目指す経済活動の領域、互いに欲求の実現を目指しているがゆえに「普遍的な相互依存性の体系」（GW, IV, S. 450）と呼ばれる〈市民社会〉を、法的共同の中で位置づける思索だと理解されなければならない。

この問題は今日でも、「市民社会論の逆説」だとされている。「シチズンシップとは、その市民たる構成員が果たす多くの役割のうちの一つである。しかし国家それ自体は、他のすべての共同社会の生活とは異なる。それは市民社会の枠組みをつくるとともに、そのなかでの一つの位置を占めている」（マイケル・ウォルツァー『グローバルな市民社会に向かって』日本経済評論社、一八―一九頁）。ハンナ・アレントも、次のようなイェーガーの言葉を紹介している。「今やすべての市民は二種類の存在秩序に属している。そしてその生活において、自分自身のもの（idion）と共同体のもの（koinon）との間には明白な区別がある」（ハンナ・アレント『人間の条件』〈ちくま学芸文庫〉筑摩書房、四五頁。Werner Jaeger, *Paideia*, III, 111からの引用とされているが当該箇所に見あたらない）。

†公的領域を蚕食する私的領域の拡大

私的領域が大きく肥大して、公共性を簒奪するまでに至ったという時代認識がヘーゲルにはある。その点では今日の状況と大きな差異はない。

市民的公共性は、さし当り、公衆として集合した私人たちの生活圏として捉えられる。（J・ハーバーマス『公共性の構造転換』未来社、四六頁）

平等な権利が確保された反面、それぞれの利益を求めてアトムと化した個人の群れから成る社会について、ハンナ・アレントもこう述べる。

現代世界で平等が勝利したというのは、社会が公的領域を征服し、その結果、区別と差異が個人の私的問題になったという事実を政治的、法的に承認したということに過ぎない。（ハンナ・アレント、前掲書、六四頁）

ところが、社会は「ただ生命の維持のためにのみ存在する相互依存の事実が公的な重要性を帯び、ただ生活にのみ結びついた活動力が公的領域に現われるのを許されている形式」（同書、七一頁）にほかならない。市民共通の利益も目指される一方で、国法に背かない限り、私益を自由に追求して構わないのが社会である。

†利害関心に流されるか、するべきことをわきまえるか

こうした個人の利害・関心によって成立している社会においては、自分の欲求を自覚し、実現する

ことが余儀なくされる。「この物の世界というのは、物理的に人びとの間にある。そして、この物の世界から、人びとの特定の客観的な世界的利害が生じてくるのである。この利害《インタレスト》は、全く文字通り、何か「間にある」(inter-est)ものを形成する。つまり人びとの間にあって、人びとを関係づけ、人びとを結びつける何物かを形成する」(ハンナ・アレント、前掲書、一九六頁)。ところがその〈利害・関心〉は、近代精神の特徴として、これを位置づけたF・シュレーゲルを引くまでもなく、主観的なものでしかない。より正確に言うならば、客観的に評価されるところに価値を求めつつ、かつ主観的な関心をそそるものなのである。すなわち、〈関心をそそるもの(das Interessante)〉は〈人びとの間〉から個人の主観的な〈面白さ〉を惹起するものへ、そして〈利害・関心〉という欲求へとその座を個人の内面へ移したのである。

今日の私たちにとっても、カントにとっても、利害・関心は欲求と密接な関連を持っている。

> われわれがある対象の現存の表象と結びつける満足は、関心(Interesse)と呼ばれる。したがってこうした満足は、欲求能力の規定根拠としてであるか、あるいはそれでも欲求能力の規定根拠と必然的に連関するものとして、つねに同時に欲求能力に対する関係をもつ。(カント『カント全集(8) 判断力批判(上)』岩波書店、五七頁 I. Kant, *Werke in sechs Bänden*, Bd. V, S. 280)

ただ、カントは、この関心を二種類に区分する。すなわち、〈興味・関心から行為する(aus

Interesse zu handeln)〉というのは、行為の対象に執着して、自らの傾向性を満たそうとすることであるのに対して、〈興味・関心を抱く（ein Interesse nehmen)〉というのは、何かしようとすることであって、行為することが目指される、というのである（カント『カント全集（7） 人倫の形而上学の基礎づけ』岩波書店、四二－四三頁 I. Kant, *Werke in sechs Bänden*, Bd. IV, S. 42)。

ハーバーマスの解釈によれば、こうである。

快適な対象ないし有用な対象への、感官の（感情的）関心は欲望に起因する。善きものへの理性の（実践的）関心は、欲望を呼びさます。欲求能力は、前者では傾向性によって刺激され、後者では理性の諸法則によって規定されている。（ハーバーマス『認識と関心』未来社、二〇九頁）

私たちは一方では、肉体を持っている存在である以上、なにかを〈したい〉という感性的な欲求の赴くまま、傾向性に従って行動することもできる。しかしながら、不特定の誰であろうといつどこで行なってもいいことを〈するべきだ〉と、道徳律の命じる義務に自ら従うこともできる。カントはここに人間としての倫理性を捉えた。感性的な存在としての人間は欲求に流されもするが、また、〈したい〉と意欲することと、〈するべき〉こととは理性において一致しもするとされる（カント、前掲書、四三頁参照）。

「するべき」はもともと、もしも理性がどの理性的存在者においてもすんなり実践的だとしたらという条件の下では、どの理性的存在者にも妥当するところの「したい」という意欲だからである。ところが、私たちのように、さらに別種の駆動力である感性によって触発される存在者の場合には、理性だけならするであろうことが常になされるとは限らない。（同書、九四頁 I. Kant, op. cit., S. 84）

†したいことなどあえて探さなくてもいいのだ

〈したい〉という欲求に促されて行なわれる行為は、人びとがそれぞれの欲求を充たす手段を求め合う圏域でこそ通用する。それぞれの利害・関心を追求する経済領域が国家規模にまで拡大したのが市民社会である。「人間の普遍的な傾向性と必需に関係するものは、市場価格を持つ」（同書、七四頁 ebd., S. 68）。これこそカントの捉えた市民社会であった。

これに対して、道徳律を実現することに関心を寄せている場合、そのような人びとからなる共同は、すべての理性的存在者に開かれている。「その純粋な悟性界という理念が、（理性的存在者たちという）目的自体たちそれ自身の普遍的な国という壮大な理想」（同書、一一四頁 ebd., 100f.）として掲げられ、カントはこれを「目的の国」と名づけられた理想的な倫理的公共体として構想したのである。

自分のしたいことだけをしているならば、人倫性はおろか、何ら公共性は開かれない。そもそも人生において、自分のしたいことを、敢えて探す必要などない。それ以上に、するべきことを把握して、これを成し遂げることに向かうことこそ、自らを公共体に生きる大人の市民たらしめることであると言えよう。「なすべきであるとかれが意識するがゆえに、それをなすことができる」（同書、一六五頁 ebd., 140）という判断は、技術の飛躍的な進展に伴って、〈できる〉ことが、倫理の地平を越えて拡大しつつある今日、もう一度、顧みられるべき観点であるように思われる。

5　眼前にいない人を想像するところに公共性は開かれる

†自らの価値や尊厳が認められること

私たちが普通に、市民として社会に生きる際に、ルソーやカントにおいて見られたように、個人の良心にあまりに多くを期待することは苛酷のようにも思える。自らの特殊的な利害関心を捨象して公共的な利益に与する自己教化が個人に、しかも内面的な問題として課せられているカントの動機主義は理想主義に過ぎるようにも思われる。ハンス・ヨナスはその著『責任という原理』で、カント倫理学への違和感を表明しつつ、次のように語っている。

決め手となるのは、なによりもまず事柄のほうであり、私の意志の状態ではない。事柄が意志を動かすことによって、事柄は私にとっての目的となる。（ハンス・ヨナス『責任という原理』東信堂、

一六〇－一六一頁）

ヨナスにとって重要なのは、個人の自由の自己制限ではない。正義の普遍性に対する畏敬の念でもない。行為や人生行路においてその目的の顕現するところにうかがわれるその人らしさの価値、尊厳が認められることだという。

道徳法則は、存在者に内在する権利要求をわれわれ自身の存在によって満たすように命じてくる。（……）さらに責任の感情が付け加わり、この感情が特定の主体を特定の客体へと結びつける。つまり、この責任の感情によって初めて、われわれは客体のために行為すべく動かされる。（同書、一六一頁）

カントにあっては、〈為すべきが故に為し能う〉ところに、人間の倫理性が開かれた。ヨナスによれば、逆だという。

責任とは力の相関概念である。力とその行使がある程度まで増大すれば、責任の大きさのみならず、責任の質的な本性も変化する。力のなせる業は、当為の内容を生み出す。（ハンス・ヨナス『責任という原理』東信堂、二一九頁）

ある行為について、そもそもそれをする力がなければ、それについての責任を問うこともできない。しかし、その能力があるのなら、そこに〈すべきである〉という責任が生じるというわけである。その前提には自由が保証されていなくてはならない。自由のないところに責任はない。「なぜなら自由はそれ自体として道徳的な価値を持ち、高い代価にも値するからである。(……)責任の感情と知恵によって、状況に応じた答えを出さなければならない」(同書、二九四頁)。

自由な社会において私たちは自己保存を目指すとともに、自由な社会の安全維持を図らなければならない。言い換えるなら、反社会的な行動をとることも私たちにはできるからこそ、そこに道徳的な自由が問われる圏域が開かれているとともに、社会の安寧平安を維持するという不特定多数に開かれ、課せられている責任が、私たちに帰することになる。

†責任とは他者との応答可能性において成り立つ、たとえここにいない他者であっても

リーデルによれば、「〈汝なすべし〉を含んでいる義務概念とは異なり、責任という概念には、道徳的根本現象として本来われわれになじみの深い相互関係及び双務的要求という関係が含まれている」(マンフレート・リーデル『解釈学と実践哲学』以文社、一八三頁)という。「〈責任〉とは、人格と人格の相互応答的な関係や行動によって事態にたいして答えることを求める人格の要求に関わるコミュニケーション的な概念」(同書、二八四頁)だとされる。責任は本来、社会において、応答可能な自立した責任

能力のある人格の間において成り立つ。保護を必要とする人については、責任が問われることはない。したがって、「責任の現実性が、人間に可能な自由を最終的に根拠づけるものなのである」（同書、二九〇頁）。コミュニケーションにおける応答可能性が人間の自由を根拠付けるという思索に、〈共同における自由〉の現代的な把握を見て取ることもできよう。すなわち、法的人格とされる存在にこそ、責任や権利が帰属するという捉え方である。

しかしながら、そうした責任の捉え方を展開するなら、リーデルの言う「相互関係及び双務的要求という関係」を超えて、現に存在している人間の間の応答可能性に限られるものではないことにならないか。なぜなら、リーデルにあっても「なんらかのものにたいして〈責任をとる〉者は、そのためにことさら他者から求められるまでもなく、他者に対して責任をとる」（同書、二八三頁）とされているからである。したがって、とりたてて求めることなどしない不特定多数の人びと、それも現にここに存在しているとは限らない人びとの存在を念頭に置いた上で、「行為をなす者を特徴づける責任性というものは、個的人格としてのその者自身を超えて、コミュニケーション的秩序の維持を可能にする条件をも指し示している」（同書、二八九－二九〇頁）。ここに「共生」を自覚する地平が拓かれることになる。もし、眼前にいない人とのコミュニケーションが可能ならば、リーデルの立場からでも間違いなく、「そうした任務を〈引き受ける〉ことによって、その人物は始めてその言葉本来の意味における〈人格〉と〈なる〉」（同書、二九〇頁）と言える。

†徳と自由は不可分に結合する

私たちは不特定多数の一人に算入されるとともに、固有の名前を頂く一人として、公共の利益の恩恵に与ることができる。「徳（卓越性）と自由は不可分に結合する。但し、この自由は負荷なき自我の気ままな選びの自由ではなく、自己の恣意から独立した価値への志向を自同性の証しとする者による、この価値の解釈と実現の責任の引き受けである」（井上達夫「公共性の哲学としてのリベラリズム」『人間的秩序』木鐸社、九九頁）として、井上達夫は、「自己解釈的存在」たる自我に個人の尊厳を認めはしない。井上達夫によれば、「X（決定、制度、原理等々）が公共性をもつのは、⑴Xが当該社会内における対立を解決するものとして公権力（当該社会の共同の権力）によって強行されるとともに公権力の行使を規制する権威をもち、且つ、⑵この権威が対立のどの当事者も不公平だとして拒絶できないような理由により正当化されているとき、且つそのときのみである」（同書、一一〇頁）という。不特定多数に通用する正義に公共性が捉えられているのである。

不特定多数の利益への配慮がなされているかどうか、ということは、自分の目では見ることのできないわれとわが身をもう一つの眼で見るという、想像力としての知によって可能になると言えよう。見えることのできないものを見る眼差しは、社会の一隅の特定できないものまでも見ることができるし、まだ実現されていない遠い将来をも展望することのできる眼差しでもあろう。

6　結び

† 想像力による共感

想像力に基づく「共感」を紐帯として、私たちの社会的な絆について考察していた哲学者に、ヒュームやアダム・スミスがいる。『道徳感情論』でスミスは次のように、想像力による共感の成立を描き出している。

われわれは、他の人びとが感じることについて、直接の経験をもたないのだから、かれらがどのように感受作用をうけるかについては、われわれ自身が同様な境遇においてなにを感じるはずであるかを心にえがくよりほかに、観念を形成することができない。（……）そして、かれの諸感動がどうであるかについて、われわれがなにかの概念を形成しうるのは、想像力だけによるのである。（……）われわれの想像力が写しとるのは、かれのではなくわれわれ自身の、諸感覚の印象だけなのである。想像力によってわれわれは、われわれ自身をかれの境遇におくのであり、われわれは、自分たちがかれとまったく同じ責苦をしのんでいるのを心にえがくのであり、われわれはいわばかれの身体にはいりこみ、ある程度かれになって、そこから、かれの諸感動についてのある観念を形成するのであり、そして、程度はもっと弱いがまったくそれらの感動に似ないのでも

ないものを、なにか感じさえするのである。（アダム・スミス『道徳感情論（上）』〈岩波文庫〉岩波書店、二四一二五頁）

そして私たちが他の人びとと対応できるためには、「同感の基礎である想像上の境遇の交換を、出来るだけ完全なものとするように、努力しなくてはならない」（同書、五六頁）とされるのである。個々人の間の絆が希薄になっている今日、「共感」を育む能力こそ、私たちに必要な知恵かもしれない。

もとより、各々が、現時点では必ずしも見通すことのできない自らの将来に向けて、今の自分を形成していくのは、自らが自らに引き受ける責任でもあり、各自の自由でもあり、権利でもある。予期せぬことが多々あろうと、時に対応し、時に乗り越え、私たちは自らを歴史の中で形成してゆく。そこにその人の尊厳が見出されるわけである。現時点では必ずしも見ることのできない事態についても、想像することはできる。特定できない、見えないものに対する想像力としての知こそ、私たちを「大人の市民」にする力だと言うことができるであろう。

第十一章　私たちは将来の世代に責任を負うか

1　はじめに

一九二八（昭和三）年一月元旦に新潟市の西船見町浜浦五九三二の、海抜六・九メートルの砂丘の上にコンクリート建築の新潟測候所が新築された。現在、その跡形どころか、そもそもその場所は存在しない。汀線《ていせん》から一〇〇メートルも内陸にあった新潟測候所は、小高い丘の上であったにもかかわらず、一九四九（昭和二十四）年には日本海の荒海に没してしまったのである。「海は荒海、向こうは佐渡よ」と歌われた詩情豊かな新潟の砂浜が、昭和になってから凄まじいまでの海岸決壊に見舞われて、波打ち際から七五〇メートルも侵食されて、三うねにわたっていた砂丘が現在では、三列目の砂丘の半分がかろうじて残っているだけである。離岸堤や突堤を設けて海岸線の保全対策に毎年数億円もの予算をつぎ込んでいる今もなお、海底面の決壊は進行中とのことで、離岸堤の倒壊を防ぐためには半永久的に工事を続けざるを得ない状況にあるといわれる（国土交通省北陸地方整備局『新潟西海岸』、建設省北陸地方建設局『新潟海岸の概要』を参照）。

甚大な被害をもたらした海岸決壊も、信濃川流域の洪水を防ぐために、大河津分水が開削されたことにより（大正十一年－昭和六年完成）、それまで新潟の砂丘を形成していた信濃川河口からの砂の排出が激減したために起きたとも言われている。「自然改造」など口の端にするのもおこがましいほどに、私たちは自然の前では無力なのかもしれない。それは、いかに崇高な理念に基づいていようと、いかに高潔な人柄のなせる業であろうと、私たちには自然全体の有機的連関が必ずしも見通せないことから来る。それが仮に、利害・関心に基づく自然破壊であったならなおのこと、自然からのしっぺ返しとその責任を私たちは甘受しなくてはならないかもしれない。

新潟市が蒙ったもう一つの自然災害に地盤沈下がある。これは昭和三十年代から顕著にみられるようになったもので、とりわけ昭和三十四年からの一年間で、新潟市の寺尾では五四センチも地盤が沈下した（建設省北陸地方建設局、前掲書、参照）。新潟大学の近くの新潟市坂井から上新栄町浜にかけての地域では昭和三十二年から累計で最大二七七センチもの沈下を記録しているという（環境庁『全国地盤環境ディレクトリ』平成十年三月参照）。こうした激しい地盤沈下が新潟市全域にわたったのである。

このため、新潟市内の各所を繋ぎ、道路交通の発達していなかった時代には水運に用いられていた堀が流れなくなった上に、下水道が普及していなかったため生活廃水の垂れ流しなどで、堀が「どぶ」と化してしまった。自動車交通の発達に伴って道路の狭隘化も目立ってきたところに、地盤沈下によって昭和三十三年以降は少しの降雨でも市内各所で堀から汚水が溢れ出る浸水被害が相次いだ。こうして新潟市の堀は埋められることになって、堀と柳の町並みを芸子が歩く水都の情緒は永遠に失われることになったというわけである。

†人為的な災害であった地盤沈下

この地盤沈下の原因も実は人為的なものであった。新潟市の戦後の発展は、新潟平野に埋蔵されている水溶性天然ガスを都市ガスや自動車燃料、工業用原料などに利用することが大きな要因になっていた。天然ガスを採取する時に大量の地下水も汲み上げ、それを地上で排水することによって地盤沈下が引き起こされた。一日当たり七〇万トンを越える地下水が汲み上げられたそうである。その後、地上排水井を非排水井へと転換するとともに自家用天然ガスの採取規制などが進められた結果、最近では地盤沈下は落ち着いた状態になってはいる。しかし、新潟市およびその周辺にあっては、ゼロメートル地帯が二〇八平方キロメートルにまで広がっているという。

一度壊されたら、簡単に復元できないのが自然である。今日の私たちは、破壊された環境の責任を、先人に対して訴えることはできない。いや逆に、私たちも、環境へ負荷を与えている消費文明を享受することによって、将来の世代へ被害を与えることに繋がることは、誰しもが予想し、理解している。

人口爆発や資源枯渇そして食糧難、温暖化による気候激変や海面上昇、オゾン層破壊による紫外線の増加、大気汚染に水質汚染、化学物質による生態系や人体の汚染などによって、将来の世代は、今日の私たちのような健康で文化的な生活水準を維持しようとしても困難になるかもしれない。しかし彼らには、私たちに訴えかけることなどできない。環境破壊を招いた私たち文明のあり方を、そしてその文明を享受している私たちのあり方を反省するのが環境倫理学である。

2　消費される文明とその享受

† 直接的な因果応報の構造になっていない環境問題

環境破壊の原因に繋がる消費文明を享受するばかりで、その対応への鈍さの原因は、環境破壊とその影響とが〈因果応報〉の構造になっていないからだと言われる。上流で排水を垂れ流したところで被害が生じるのは下流域であろうし、硫黄分の多い石炭を燃やしたからといって酸性雨が降るのは海を隔てた他国である。私たちが〈楽な生活〉を追求して恩恵を蒙る一方で、その負の側面は、将来の世代に押し付けられたり、あるいは同時代の他の地域の人びとが担っていたりするのかもしれない。汚染排出物が〈雲散霧消〉したり、〈水に流して〉消え去ったりする訳がないのだが、生態系が複雑に連鎖していることも、環境が有限で閉ざされている実態を見えにくくしている。とはいえ、私たちは、「公害問題」を経験して、その被害が思いもかけない形で明らかになることを知っている。有害な汚染物質が決して希釈されたり無害化されたりするものではないことを、悲劇的な形で突きつけられたのである。

資源の浪費や環境の破壊もさることながら、見方を変えるなら、文明そのものが消費されているのかもしれない。たとえば、今日の音楽芸術は、確実に、〈文化〉から〈消費物〉へと変わりつつあるようである。レコードやCDという記憶媒体の販売によって、音楽文化が普及していた時代はすでに遠く、ネット配信で音楽を楽しむ時代になって、〈音楽〉も〈情報〉となった。〈情報〉には賞味期限があって、時間の経過とともに劣化して、やがて情報としての価値がなくなってしまう。端末に取り込まれた音楽も、やがては機器の劣化とともに消えてしまう。「残してゆく」文化ではなくなりつつあるのが現状である。

†消費文明の基底にあるエゴイズム

顧みるなら、今日のエネルギー消費や環境汚染物質の排出を現状維持で固定化するなら、発展途上国と先進国との格差が続いてしまうことになる。かといって先進国の生活水準を切り下げることは困難である。かといって、底上げを図る形での南北間の格差の平等化は、環境に打撃的な負荷を与えることになる。そう考えるところから、先に救命艇に乗り込んだ者の〈逃げるが勝ち〉というギャレット・ハーディンの「救命艇の倫理」も出てくる。

消費文明は、同じ時代の途上国に対しても、将来の世代に対しても、先進国の自分たちさえ良ければいい、というエゴイズムの上に成り立っていることを如実に示しているのが、ギャレット・ハーディンのモデルである。かといって、先進国のエネルギー使用と途上国のエネルギー使用とでは、極めて大きい格差がある上に、その実態は簡単に比較できるものでもない。一人当たりの電力使用量を見ると、中国は日本の四分の一以下であるにもかかわらず、総消費量となると二倍を越える。カナダは日本の消費量の半分程度であるが、一人当たりの消費量となると、日本の二倍を超える（二〇〇五年度）。総務省統計局のホームページで検索すると、興味深いデータが並んでいる。途上国も含めて、先進国と同じようにエネルギーを使ってもかまわないという〈平等〉は、ここでは成り立たない。なぜなら、それは誰かの、さしあたりは将来の世代の被害の上に成り立つことになるからである。それを強行することは、私たち世代のエゴイズムにほかならない。

† エゴイズムだと指弾される場面

エゴイズムの排除はまた、カントの道徳律の帰結でもある。

君の意志の格率（行動方針）が、つねに同時に普遍的立法の原理として通用することができるように行為しなさい。（カント『カント全集（7） 実践理性批判』岩波書店、一六五頁 I. Kant, *Werke in sechs Bänden*, Bd. IV, S. 140）

ここで言われているのは、自らの拠って立つ正義が普遍化され得るものでなくてはならず、かつ自らを例外者としてはならない、ということである。これによってダブル・スタンダードやご都合主義などは、普遍化できない態度だとして退けられることになる。仮に、正義に叛く行動を意図的に遂行する際には、当の行為者は、〈自分にとっては良い〉とする判断に則ってその行為に及ぶのであるにしても、その〈良さ〉は、普遍化され得るものではなく、仮に益をもたらすにしても、私益でしかない。その場合の論理は、私的なご都合主義であって、公共性を持たないことは言うまでもない。

エゴイズムは、自分だけの幸福を目指す〈自愛〉の原理に発した行為にほかならない。これは、具体的で実質的な、経験的な、その状況下での判断に基づく。したがって、普遍性を持ち得ないことになる。たしかに、多くの人が自らの幸福を追求する以上、各人はそれぞれの幸福を実現することを目指している、ということが普遍化され得るように見えるかもしれない。「他人の不幸は甘い蜜」とは言わないまでも、幸福でありたいという願望は誰しもが抱くのも事実である。しかし、その幸福の内実は、人それぞれによって違う、いや、その同じ当人にあっても、時と場合によって違ってくる以上、主観的で、偶然的なものでしかないのも事実である。

†みんながエゴイストになったなら

仮に、自分に都合のいい、エゴイスティックな方針を〈決まり〉にしたとすると、たとえば、電車の座席に座ることができた場合に、好きなだけ、身体を伸ばしたり、自分の荷物を置いたりして、座席を占拠してもかまわない、とか、学生の権利として、他人に迷惑が及ばない限りで授業中に私語をして構わない、などという身勝手な行動方針を、普遍的な〈決まり〉にしたらどういうことになるであろうか。そうした奇妙な格律を主張した本人にとっても、周囲のみんながそれに同調したら、その被害は自分にも及んで、困ったことになるに違いない。したがって、身勝手な主張をする場合には、その主張に沿ったことを他の人もすることは考えに入れていないまま、〈自分〉だけを特別扱いにして、自分だけがして構わないということを主張しているわけである。カントによれば、「私自身の幸福が客観的な実践的法則となりうるのは、私が他人の幸福をも私自身の幸福のうちに一緒に含む場合にかぎってのことである」（同書、一七二頁 ebd., Bd. IV, S. 146）。逆に言うなら、「道徳性（Sittlichkeit）の原理のまさに正反対は、自分自身の幸福の原理が意志の決定根拠とされる場合である」（同上）ということになる。

自らの幸福だけを目指す場合の判断は、さしずめ〈打算〉や〈損得勘定〉である。それが、エゴイスティックに暴利をむさぼろうとするのではなく、仮に、正直に誠実に商売をしていたとしても、〈もし、商売で成功したいなら、誠実であれ〉という方針に従っているのなら、カントの倫理学で言うなら、仮言命法に従っている以上、その方針は、単なる「お上手な指針」（同書、一四七頁参照 ebd., Bd. IV, S. 126）でしかない。道徳的な判断であるなら、「もしも……なら、～するべきである」という形をとらずに、端的に、「……するべきである」と命じるという。つまり、「……したい」という発想に基づく判断では、自分だけの幸福、すなわち〈自愛〉を目指しているだけである（同書、一七五頁参照 ebd., Bd. IV, 148)。これに対して、自分だけにとどまらず、みんなの幸福の実現を目指そうとするなら、主観的な判断は制限されなくてはならないことになる。ここにカントは、責務 (Verbindlichkeit) の概念を捉えた。傾向性に基づいている格率を制限するところから、「私の自愛の格率をさらに他人の幸福にまで拡張するという責務 (Verbindlichkeit) の概念が生じる」(同書、一七二頁 ebd., Bd. IV, S. 146) ことができる、というわけである。

そうであるなら、今日の私たちが、楽で便利な生活スタイルを続けたい、豊かな暮らしを営みたいという方針で消費文明を続けている他方で、将来の世代に環境が破壊された地球を残すということになるなら、私たちはエゴイストの誹りを免れないことになろう。なぜなら、将来の世代の幸福を考慮に入れていないからである。カント倫理学に照らすなら、私たちには将来の世代に対する責務を担うことになる。私たちには将来の世代の幸福に対して責任があることになる。が、話はそう簡単ではないのである。

3　将来の世代に対する責任

†将来の世代に対する責任という難問

環境の保全に関して、私たちが「将来の世代に対する責務」を担っているかどうかを議論することは、簡単なことではない。かりそめにも親ならば、次の世代を担う子どもに対して、幸福な生活を願

わないわけがない。お父さんが苦しんだ閉塞した学校生活を、お前も十二分に苦しみなさい、などと子どもに言う親はいないに違いない。みな、お父さんはたいした勉強をしなかったけれど、お前はしっかり勉強をして、お父さんが楽しんだ青春の何倍もの楽しい人生を送ることができるようになりなさい、と言うようなところであろう。だからといって、こうした感情の問題で、将来の世代の幸福を根拠付けようとしても無理がある。

そもそも「責任（responsibility:Verantwortung）」という概念は、「応える（respond:antworten）」という語から派生した言葉であって、一七〇〇年代に、市民社会の成立に呼応する形で成立した新しい概念だと言われている。「責任という概念には、道徳的根本現象として本来われわれになじみの深い相互関係および双務的要求という関係が含まれているのである。（……）〈責任〉とは、人格と人格の相互応答的な関係や行動によって事態にたいして応えることを求める人格の要求に関わるコミュニケーション的な概念」（M・リーデル『解釈学と実践哲学』以文社、二八三–二八四頁）だという。ところが私たちは、将来の世代と相互関係を結ぶことは、絶対にできないし、あり得ない。したがって、双務的な関係において成り立つという「責任」の概念に則るなら、私たちは将来の世代に対して、責任の持ちよう、取りようがない。ここに、〈相互関係の結べない間柄には、責任関係が成り立たない〉という難点が明らかになる。

† 片務的な責任という奇妙な論点

「天然資源と自然環境の保全」という見地から、相互関係を必要としない「世代間正義」という論点を提起したのは、ジョン・ロールズであった。あらゆる世代が、最低限の水準の文化生活を送る条件を、先祖からの恩恵として受け入れている以上、次の世代へ順送りに恩恵を遺してゆくことを選択してこそ「公正」だという（cf. J. Rawls, *Theory of Justice*, Section 44）。たしかに、親には子どもの成長や幸福に責任があるとともに、それを願いもしている。だからといって、それは個々の親が子どもに対して抱く感情でありこそすれ、前の世代が次の世代に対して抱く感情にまで当てはめようとするのには無理がある。

生まれるかどうか分からない、見知らぬ子どもや、縁もゆかりもない未来の人たちに対しては、孫に恩恵を遺そうとする人でさえ、責任を感じることは難しい。仮に、何か恩恵を遺そうとしても、誰のためであるのかはっきりしない、あてのない一方的な慈善・奉仕になってしまうからである。慈善行為なら、行なったら褒められるかもしれないが、それをしなかったからといって非難されることはない。一方的な施しは不完全義務だからである。完全義務の双務性とはまったく違う（加藤尚武『現代倫理学入門』〈講談社学術文庫〉講談社、二〇四頁参照）。こうして、〈私たちは、現在存在していない世代に対しては、責任の取りようがない〉という難問に逢着する。

† 期待に応える責任

とはいえ、将来の世代は、地球環境の破局が来ない限り、必ずや存在するに違いないのも事実である。そして私たちの経済活動が、生態系の破壊をもたらし、資源を枯渇に導き、有害廃棄物や温暖化ガスを排出することによって、地球環境に大きな影響を与えている以上、将来の世代に対して私たちには責任がないとは決して言えない。なぜかというと、私たちが環境へ負荷を与え続けていることの帰趨を十分に危ぶんで予見している上に、懸念される事態を避ける「力」を私たち自身が持ち合わせているにもかかわらず、懸念される事態を避ける期待に応えられていないからである。

ハンス・ヨナスは、『責任という原理』で、「責任の条件は因果的な力である。行為者は自らの行為に対して応えなければならない」（H・ヨナス『責任という原理』東信堂、一六二頁）という。「すでに行なわれた行為に対する事後的な決算ではなく、将来なされるべき行為の決定に関する責任」についても語っている。「私は第一義的には私の行動とその帰結に対して責任を感じるのではなくて、私に一定の行為をするように要求を掲げてくる事柄（Sache）に対して責任を感じる」（同書、一六五頁）というのである。今日、私たちは、前の世代が私たちに遺してくれた文化的な遺産や生活環境を享受しながら、健康で豊かな生活を営むことができている。こうした財産を私たち世代で食い潰すことは、私たちのエゴイズムだと言われても仕方がない。文化的な伝統や健康で豊かな生活環境を次の世代へ繋いでゆくことは、それを成し遂げる力を私たちが持っている以上、私たちに責任として、責務として課せられてくると言えよう。

もっともこれに対しても反論がある。すなわち、私たちだってマンモスと戦いたかったたし、峨々たる山嶺を走る日本狼を見たかったのにすでに滅んでしまった、だからといって私たちは祖先の責任にはせず、自分たちなりの文化的な生活を築き上げて、今日的な娯楽で充足している、したがって後代の世代も、美しい自然が滅んだとしても私たち世代の責任を追及することはできず、自分たちで自分たちの時代の文明や生活環境を作り上げなくてはならない、という反論である。〈自分たちが存在する時に利用できるものに対してだけ、権利を持っている〉という論点である。

しかし、マンモスや日本狼が滅亡する危機感や防ぐ力が祖先にあっただろうか。なかったのなら、マンモスや日本狼の滅びは先人たちに責任があったというよりも、むしろ、私たちがマンモスに出会うのはそもそも不可能だったのだ。ところが、私たちには、環境危機を認識している上に、環境を保全する力も持っているのである。

†将来の世代とは誰か

〈将来の世代とはどのような人たちなのか、はっきりしない〉という反論も成り立つ。誰のためになるのか、受益者がはっきりしない。したがって、特定できない受益者の権利の擁護など、問題にしようがないというわけである。だからといって将来の世代に対する責務が私たちにはないということにはならない。カントは責務（Verbindlichkeit）について、次のように述べている。

意志の諸信条が自律（Autonomie）の諸法則と必然的に合致する（zusammenstimmen）意志が、

神聖な、まったくもって善い意志である。必ずしも善いとはいえない意志であっても、自律の原理（道徳的な強制）に委ねているなら、責務（Verbindlichkeit）である。であるからして、この責務は神聖な存在者にはあてはまらない。責務に基づいて行為することが、客観的で必然的であるということが、義務（Pflicht）と呼ばれる。（同書、八一頁 ebd., Bd. 74）。

私たちは、必ずしも善ではない意志を持ってはいるが、しかし、道徳的理性を持ち合わせることによって、自律的に善を為すことを責務として尊重している。いまや私たちの科学の力は、地球環境を破壊し尽くすことさえできるまでになっている。しかし、一致して対応するなら、環境を保全することもできる。カントの考え方に照らすなら、私たちの世代で資源を浪費したり、環境を激変させたりするのではなく、人類の生活の継続的発展という見地から、自律的に、持続可能な文化のあり方を決めるところに、私たちの責務があると言えよう。倫理的であるということは、相互性を必要とするものではない。ここに応答し合う相互関係を結ぶことのできない先代や将来の世代と通じ合う共通の使命を、私たちも自覚することこそ、今を生きるうえで必要な倫理である。

† 権利を有することと権利主張すること

将来の世代に対して私たちが責務を担うにしても、〈行使できる権利を持つということが意味するのは、人が自分の権利のために有効な権利主張をすることができるということ〉だとするならば、彼らが〈権利主張ができない〉以上、権利の請求権もなく、権利も承認できないという反論も提起されるかもしれない。将来の世代には、たとえ権利侵害があったとしても、それを匡正《きょうせい》したり、補償したりする方法や法的手段がない以上、私たちに対して主張できる権利を持ち合わせてはいないという見方さえ提起されている。しかしながら、J・ファインバーグによれば、道徳的な権利を有するといわれるのは、もともと「権利主張が——(必ずしも)法的な規則によるのではなく——道徳的な原理によって、あるいは啓蒙された良心の原理によって、認められるように求められる時」(Ernest Partridge,"On the Right of Future Generations," in : *Upstream/downstream*, p. 50)だという。したがって、将来の世代は、自らの権利を請求することができなくても、彼らも美しい環境と豊かな文化を享受できることを、私たちは良心に基づいて、将来の世代への共感とともに主張することができる時、将来の世代の権利は、たしかに代弁されることができるのである。実際に、権利主張をすることのできない乳幼児や動物に代わって、代理人が彼らの権利請求を主張することは、いつでも可能である。逆にそうした弱者の権利を見捨てるのは非倫理的でさえある。将来の世代の権利の問題について的確に整理しているアーネスト・パートリッジは、後代の人びとの利益の代弁者について次のように語っている。

後代の人々の権利や関心・利権を守るために、生きることを希望しつつ、期待しつつ、後代の人々の権利が法的に承認されていない実情を道徳的な議論の場で訴えなくてはいけない。(ibid., pp. 51–52)

†将来の世代とはあまりに時間が隔たっているか

将来の世代については、彼らにも豊かで美しい生活環境を享受する権利があることを説明しようとしても、私たち世代と共時的に存在していない以上、近代の倫理の根幹である〈契約・約束〉や〈合意・同意〉、〈相互承認〉、さらには応答能力に立脚する〈人格〉などの概念を適用することはできない。そこで、将来の世代への責務について、シュレーダー＝フレチェットは、ある世代が前の世代から受けた〈恩〉を次の世代へと〈恩返し〉するという〈恩〉の順送り機構によって説明した（「テクノロジー・環境・世代間の公平」『環境の倫理（上）』晃洋書房、一二六頁）。たしかに、私たちは、親やその先代の世代に感謝しつつ、次の世代へとその〈恩義〉を伝えてゆく。そこに通時的な世代間倫理の役割が果たされもするかもしれない。

しかしながら、感謝の表明である〈恩返し〉は、文化と価値観の同一性があるからこそ成り立つものである。今日でさえ一昔前とは多くの点で価値観が変わってきている。こうしたことを顧慮して、〈将来の世代との間には文化的な同一性がない〉という反論も提起されるかもしれない。だからといって、核廃棄物やオゾン層破壊、地球温暖化などの形で私たちが次の世代に遺す負の遺産は、いかに時間が隔たっていようと、計り知れない大きな影響を及ぼす以上、私たちにはそれについての責任が残る。現在の世代と次の世代とは〈時間が隔たっている〉という論点は、環境破壊の場合には、将来の世代も地球上で生活をする限り、道徳的な帰責を免れる論拠にはなり得ない。

† 不特定の人に対する責務が公共性を形成する

〈現在のところ存在していない〉上に、〈権利主張もできない〉だけでなく、〈時間を隔ててもいる〉人に対して、義務や責任を負うことが、今日の私たちの倫理観でも説明できる場面がある。ガレン・プレッチャーの提起した「キャンプ地の範例」である。キャンプ地を撤収するグループは、次にいつ、誰が来るのかを知らなくても、いや誰も来ないにしても、そのキャンプ地をきれいにしてゆく責務を、最低限、自分たちがキャンプを張る前のようにしてゆく義務・責任を負っている。パートリッジは次のように説明する。

次にキャンプする人は、きれいなキャンプ場に対する「権利」を持っている。といってもそれは、彼が〈不特定の人〉として、誰であるとか、いつその人がいるからというのでなく、むしろその人がそれであるところのもののゆえに、つまり彼がキャンプ場を使って楽しむことに関心を抱いているであろうから、意識のある理性的な人（つまり、私たちの道徳を共有する共同体の人）であるから、なのである。（Ernest Partridge, op. cit., p. 57）

公共のものを使ったら、元に戻して次の人の便宜を図るという公徳心は、必ずしも、今を生きる私たちにとってだけ有効な、共時的な倫理であるだけではない。通時的に機能する世代間倫理に通じる要素をそこに見てとることができるのである。資源に関しても何も消費するなというのではない。私たちがそうした資源から得られるのと同じような恩恵を要求する権利が次の世代にもあるということを、私たち世代は想定した上で、次世代エネルギーの開発を進めなくてはならない。消費文明のエゴイストという汚名をそそぐためにも、私たちが化石燃料を消費するのなら、次の世代にとってのエネルギーの研究も同時に進めなくてはならない。

†合意によらないところに倫理性が成り立つ

世代間倫理を体現する場として〈家〉や〈家族〉を想定するならば、イメージするのは容易であろうが、より広く公共の利益の実現を図るところにこそ、加藤尚武の提起する世代間倫理の契機がある。公共性は、現在の当事者達だけによって実現されるものではなく、将来にわたって〈善き公共的な生の実現〉が期待されるところにこそ明らかになるのも事実である。したがって、現在の当事者たちが〈合意〉しさえすれば公共的な正義が成り立つというわけでは決してない。なるほど〈善き生活の意味が将来においては変わるかもしれない〉という反論も可能かもしれない。しかし、〈超大国の正義〉や〈化石燃料を消費する文明〉が善いとは言えなくなるにしても、「放射性物質の危険性」、「安全で健康な生活環境」の重要性、「生存に必要な食糧の量と質」などが変わることはない。人間の生活にとって最低限必要な条件は、将来の世代と私たち世代とで変わることはないであろう。

将来の世代の生存環境を悪化させることを、私たちが楽で便利な生活を営むために行なっているとすれば、将来の世代も私たちと同じように、健康で豊かな文化的な生活を送ることができるように、一人ひとりが世代間倫理を体現することを通して、自律的に、持続可能な文化のあり方を求めるところにこそ、今に生きる私たちの倫理性がある。

4　世代間倫理と合意に基づく倫理

†将来の世代への責務として要請されるもの

将来の世代に対する責務は、果たすことで褒められはするものの、果たさなかったからといって非難されることはない「不完全義務」ではなく、「完全義務」として道徳的に要請されることになろう。とはいえ、相互的な双務性が保障されるべくもない上に、順送りでさえないことになる。仮に、大学院時代に、先輩が下級生に奢るのは有り難い習慣であって、今はご馳走になる下級生もいずれ後輩の面倒を見ることになる、〈順送り〉の完全義務だと捉えることもできる。しかし、順送りのバトン・タッチさえできない将来の世代について、「世代間倫理」を構想しようとしても、誰にバトン・タッチしなければならないのか分かっている〈順送り〉とは違う。先輩が便宜供与者で、後輩が受益者であるものの、まもなく後輩だった人間が先輩と呼ばれる関係になって、便宜供与者となることによって、「公正」が図られる、という関係は、世代間倫理にはない。まだ存在していない将来の世代と私たち世代との関係を、受益者と便宜供与者との間での、恩恵と負担の平等化を目指す「公正」という尺度で測ることはできない。先輩——後輩の間では成り立つ暗黙の合意さえ、ここでは成り立たないからである。

加藤尚武の『現代倫理学入門』や、パートリッジの議論から明らかになるのは、将来の世代に対する義務が、「不完全義務」「慈善の義務」でなく、「完全義務」として道徳的に要請されなくてはならないということである。世代間の取り決めは、〈合意〉されるものではない以上、〈契約〉のモデルで考えられるべき事柄ではない。将来の世代は、私たち世代から遺贈されるだけで、「ただ乗り」になるかもしれないからといって、非難することはできない。振り返ってみれば、私たちも、ある意味では先代から受け継いだものに「ただ乗り」しているのかもしれないからである。世代間に正義を見ようとするなら、前の世代より贈られた環境や文化に対して私たちが行使し得た権利やそこから得た恩恵が、将来の世代に対しても認められるべきであろう。といっても、世代間の遺贈が為され得るためにも、もとより「ロックの但し書き」と言われる「同じように十分にかつたっぷりと」、自然環境と資源が残されていなくてはならないのである。

† 社会契約における同意

「合意」に正義が成立する手順を捉えたのはロックであった。自然状態から社会状態への移行の契機となる契約について、ロックは次のように述べている。

もし堕落した人々の腐敗と邪悪がなければ、(……)人々がこの偉大な自然の共同社会から離れ、実定的な合意(positive agreements)によって、もっと小さく分裂した集団に結合する必要もなかった。(J・ロック『統治論』第二部一二八節〔『世界の名著 ロック・ヒューム』中央公論社、二七一―二七三頁。――ただし筆者の責任で訳文を変えている箇所がある〕)

「労働と勤勉によって始まった所有権は、契約と合意(agreement)によって確定される」(同書、第二部四五節、二二一頁)と述べられるのも、「合意」について同じ意味合いで用いられている。

こうした原始契約の難点は、父祖の合意がどうして子孫を後の後まで拘束するのか、と言うヒュームの批判に尽きよう(ヒューム「原始契約について」『世界の名著 ロック・ヒューム』五四一頁)。井上達夫の痛快な表現を借りるなら、眠っている間に船内に運び込まれた者も、大洋に飛び込んで死ぬことを選ばずに船内に留まっているというだけで、船長の支配に自由な同意を与えたことになってしまう(井上達夫『共生の作法』創文社、一七三頁)。

†共同社会における意思形成としての同意

ロックにあって、ある種〈合意〉は重層的であって、政治社会の運営に必要な意思形成については、「同意」として語る。

ある共同社会を動かすものは、それを構成する各個人の同意（consent）だけであり、そして一つの団体は一つの道筋へと動くことが必要であるから、その団体は大きいほうの力が引っ張っていく道筋へと動かなければならない。それが多数派の同意（consent）というものである。（J・ロック、前掲書、第二部九六節、二五二頁）

構成員を「一つの密着した生きた団体」（同書、第二部二一二節、三二六頁）たらしめるのが「同意」であるのだが、時にそれは、多数決による同意形成にまで薄められる。他方で、同意を与えることは義務を負うことに繋がるとともに、同意を与えること自体、その主体が平等であり、自由である証しとされる。

一つの統治のもとで一つの政治体をつくることに他人と同意すること（consenting）によって、その社会の各人が負わなければならない義務、すなわち多数派の決定に従い、それによって拘束されるという義務に服する。（同書、第二部九七節、二五三頁）

自然法とは「人々の心のなか以外には見出し得ない」（同書、第二部一三六節、二七八頁）ものであって、こうした自然法が実効性を持つようになるのは、人びとの「自発的な結合と相互の合意（agreement）」

（同書、第二部一〇二節、二五六頁）によって成立した社会が、「公共の福祉（Public Good）」（同書、第二部三節、一九四頁）を目指す道徳的な社会であり、また「同意」することによって、市民は道徳的主体となる、というように考えられていた、と見てよい。

†同意の揺らぎ

ところが、ロックの若き日の草稿、『自然法論』（一九五四年公刊）においては、『統治論』とは異なる意味合いで「同意（consent）」が捉えられていた。自然法は、自然の光によって見出される神の命令であり、理性によって正義だと認識されると見た一方で、「人びとの間の一般的な同意（consent）からは知られない」（J. Lock, *Essays on the Law of Nature*, Oxford at the Clarendon Press, pp. 160–161）とした。人びとの生活様式が世界中で異なっていて、道徳規範も異なっている以上、道徳的な正義に関して、一般的な同意は存在せず、人びとの一般的な同意が道徳の規則だと見なされるべきだというのなら、自然法は存在しなくなる（cf.,ibid., pp. 168–169）とまで断ずる。そしてロックは、「自然法の中心であり、すべての社会の絆であるところの正義（justice）の概念」（ibid.）を考えるにあたって、立法に携わる人びとの意思の合一の保証として、「神の存在と魂の不死」（ibid., pp. 172–173）を要請する。すなわち、「自然法が人びとの間の一般的な同意（consent）からは決して帰結し得ない」（ibid., pp.176–177）と見極めたうえで、たとえ「ある意見について人びとの間に、完全にして普遍的な同意（consent）があるとしても、そのことでこの意見が自然法だということにはならない」（ibid.）と結論付けたのである。

「合意」や「同意」の存立機制については、たとえば、田中成明の提起する理念的レベル、擬制的レベル、実在的レベルというような、合意の三つの水準（田中成明『法的空間——強制と合意の狭間で』東京大学出版会、六九－七二頁）に、ロックの『自然法論』での同意、『統治論』での原始契約、そして政治社会における意思形成のための同意を重ねて見ることもできるかもしれない。いずれにせよ、要するに、正義が実現されるには、合意がなされなくてはならない、と言うことができるほど、単純な話ではないのである。

†ヘーゲルの社会契約論批判——合意によって正義は実現されるのか

社会契約論を厳しく批判した哲学者にヘーゲルがいる。批判の論点は次の二つに収斂《しゅうれん》する。一つは、社会契約論の説くような、権利の放棄を伴う〈合意〉モデルでは、主体的な自由が制限されてしまうということ、もう一つは、公的な関係の中に、〈契約〉という私的な取り決めを持ち込むことは混乱を来たすということである。

ヘーゲルにとって国家は、個々人の特殊な利益が「自己自身を通して普遍的なものの利益に変わるとともに、納得し同意の上で（mit Wissen und Willen）この普遍的なものを（……）自分自身の実体的精神として承認して、自らの究極目的としてこの普遍的なもののために活動する」（SW, VII, S. 406f.）ところに成り立つものであった。ところが社会契約論は、国家の基底に、「個々人の恣意や意見、そして任意の表明された合意（Einwilligung）」（SW, VII, S. 400）を捉えた。社会契約論の誤謬の根源をへーゲルは、個々人の意志の原子論的な集積から有機的な国家体制を構築しようとするところに見て取った。〈合意〉が履行されるには外的な行動に移されなければならず、〈合意〉が拡大するに至る際には、数量的な拡張であるところから明らかになるように、〈合意〉は本来的には外在的に作用する。したがって、〈清水から飛び降りる思いでの合意〉も〈いやいやながらの合意〉も〈訳の分からないままの合意〉も〈利益誘導による合意〉も〈半強制の下での合意〉も、結果的には同じ合意に違いはない。そうであるなら、竹林の七賢人だけでなく、烏合の衆にも正義が成り立つことになる。

5　結びに代えて

†実現されるべき教養としての正義

ヘーゲルによる社会契約論批判は、『イェーナ体系構想Ⅲ』（一八〇五／六年）からすでに明らかである。自然状態とは、個々人が何ものにも拘束されず自由に無差別に、生きるためなら何をしても構わないとされる仮構の状態であった。ヘーゲルは自然状態論の矛盾を剔抉《てっけつ》する。自然法が理念としてではなく、無媒介的に自然状態にあって作用していると想定されているが。それにもかかわらず、自然状態に生きている「彼らの自己意識の唯一の関係はまさしく、この関係を止揚することである。すなわち、自然状態は脱却されなければならない。この関係にあっては、彼らはお互いに対してなんらの権利も義務も持っていない。彼らはこの関係を放棄することによって初めて、権利や義務を獲得する」（GW, VIII, S. 214 加藤尚武監訳『イェーナ体系構想』法政大学出版局、一五四頁）。自然状態における個々人の権利や義務について、社会契約論のように前提するのではなく（GW, VIII, S. 257 邦訳二〇七頁）、ヘーゲルは権利や義務の成立を、個々人の教養形成の契機として内面化した上で明らかにしようとする。

個々人が自らの法・権利を創出する契機をヘーゲルは、「承認する関係」として捉えたのである。「承認するものとして、人間は自らが運動であり、この運動がまさしく人間の自然状態を止揚する。人間は承認行為である。自然的なものは単にあるがままであって、精神的なものではない」（GW, VIII, S. 215 邦訳一五五頁）この承認の論理を貫くのは、「自分自身の反対」を自らの本質とする意識や自我の自己実現過程である。すなわち、ヘーゲルにあっては、「教養形成」（GW, VIII, S. 254 am Rande 邦訳二〇四頁）において、無媒介的なあり方をしている〈自己〉を、つまり、あるがままの自分を外化することによって、他者との媒介において自らを捉えることを通して、自らを普遍的なものへと形成する契機として、「承認」の論理が語られたのである。そして教養形成が行き着く世界史（GW, VIII, S. 287 邦訳二四三頁）へ参入するにあたって、正義が実現されると位置づけられた。

『法の哲学綱要』においても、正義が実現される場としての歴史が語られる。

普遍的精神、すなわち世界の精神が（……）自らの法を——その法こそ至上の法である——世界審判としての世界史において、それぞれの国民精神に対して執行する。（SW, VII, S. 503）

ヘーゲルは正義を、歴史の中で実現されると見た。本章の課題は、将来の世代に対して、私たちは、美しく豊かな環境を残す責務を担うか、であった。環境破壊の進んだところで文明が滅んだのは歴史の事実である。今日の地球環境にあっても、このまま温暖化が進むと、気候の激甚化が起きかねないことが予見されている。今日の豊かで健康的な生活環境を将来にわたって持続的なものにすることこそ、世界史的な課題として私たちに突きつけられている。このことを知ることが、現代に生きている私たちの教養の課題である。外在的に積み重ねられる〈合意〉ではなく、教養形成としての意思形成を、「承認」論としてヘーゲルが展開して、世界審判の把握を「知」の課題として提起したことに鑑みるなら、私たちが次の世代、将来の世代に、少なくとも私たちと同じような恩恵を受けることのできる地球環境を残すことは、私たちの「教養」にかかっていることになる。その実現を国家任せや他人任せにしたまま、将来の世代の権利や私たちの責務を、理念や単なる理屈として語ったとしたら、まさしく「水の中で火を燃やし続けること」(GW, VIII, S. 284 邦訳二三九頁)の誹りを免れ得ないであろう。

宮澤賢治の自画像を投影したような童話、「虔十公園林」を、つまり知能障害を背負った虔十が、ただ自らの植えた杉林を愛して、それが多くの子どもたちに幸いをもたらした話を一読するなら、将来の世代の権利について、分析して議論することもさることながら、それより美しく有意義なこともあることがたちどころにご理解いただけるであろう。そして本当の賢さとは将来の世代への愛であって、本当の幸福とは自然の恵みを受けることであることが、その小品から明らかになる。子どもの、そしてそのまた子どもの世代にわたって、私たちの豊かな文化と美しい環境が持続できるように、一人ひとりが努力してゆくことは、子どもを健やかに安らかに育てることと同じ意味を持ってくる。世代間倫理はそうした心情から育まれ、そうした願いの実現を裏付けるものとなる。私たちの行く先はまだ遥か向こうへと続いてゆくことであろう。そうした将来にわたって文化的で安全な暮らしを営むことのできるように、遠くを見る眼差し、「配慮と想像力」をもって今の生活を導くところにこそ、私たちの倫理性が成り立つと言える。これが今日の「教養」の課題なのである。

あとがき

一九九〇年秋、大阪は中之島の日本生命のホールで、新しい一つの学問の必然性が宣言される現場に立ち合える感動を、筆者は体験することができた。発売されたばかりの『現代思想』十一月号に「維持可能な地球」という対談を発表なさった加藤尚武先生が、日本生命倫理学会で環境倫理学が求められている旨の講演をなさったのである。紛れもなく新たな学問の誕生を目前にしているという、目眩にも似た感激と幾分かの戸惑いを、フロアーにいて感じていた。何かが精妙に合致して、突然の飛躍を成し遂げたような思いのする瞬間であった。

もとより筆者は、東北大学大学院文学研究科（博士課程前期二年の課程）で倫理学を専攻、加藤尚武先生の指導を受けたにもかかわらず、ヘーゲル研究の方に軸足を乗せたまま、一向に倫理学研究を進めなかったことが、大きな後ろめたさに繋がっていた。それだけではない。加藤先生が千葉大学へ移られて、バイオエシックスを日本へ移入するとともに、若手の院生たちを大規模に組織して、急速に研究の進展・拡大を図った際には、ヘーゲル研究に留まり下さるよう、先生にお願いするほど、倫理にはピントはずれの守旧派でしかなかった。それにもかかわらず、こんな筆者にも、先生はバイオエシックスの重要な文献の翻訳の機会を与えて下さったのである。

筆者が非常勤講師として、一九八七年から、神戸女子薬科大学で「倫理学」を担当できるようになった際には、加藤先生の『バイオエシックスとは何か』（未来社）をテキストとして、生命倫理学の概要を講じることができた。しかし、それでもなにか、「生」や「死」の問題を授業中に公言することが怖ろしく、控えなければならないような気分にさえ誘われたことを覚えている。

一九九一年に幸いにも新潟大学教養部に助教授として赴任することになった後も、神戸時代に作った大部の講義ノートを基に、生命倫理学の諸問題を解説した。一九九四年に新潟大学の人文学部に「生命環境倫理学」担当として移った後も、実際の研究は、ヘーゲルとドイツ観念論、それも、ますます初期ドイツ観念論へと比重がかかっていった。一九九七年から、「人間学入門」の授業を担当するに当たって、テキストとして、加藤先生の『現代倫理学入門』（講談社学術文庫）を使わせていただくことになった。この書物はコンパクトな本にもかかわらず、生命倫理から環境倫理の問題にまで、豊かで高度な内容であるとともに、意表をつく問題設定と分かり易い叙述から、学生はもとより、筆者自身の勉強になった。これをさらに身近な例にして、学生に〈考える〉機会と素材を供するために、「倫理的葛藤状況」を演劇台本のようなスタイルで書き下ろして、学生に演じてもらうことを通して、加藤先生の思索を学生なりに体感してもらうやり方で、毎年改良を重ねながら授業を進めてきた。

二〇〇二年三月に、筆者の最初の単著である『新潟から考える環境倫理』（新潟日報事業社）を上梓することができたものの、数年後には愕然とすることになった。データが古くなって、本として使えないように感じたからである。加藤先生の倫理学のように、瑞々《みずみず》しく新鮮な文体そのまま、古ぼけないようなものが必要だと痛感するに至って、『現代倫理学入門』の教材として作成された「倫理的葛藤状況」の台本風資料を織り込みながら、本が創れるだろうかと考えていた頃に、ナカニシヤ出版の津久井輝夫さんにお目にかかることができた。お話をうかがって、ナカニシヤ出版から上梓していただくことを念頭に、少しずつ論考を書きためることになった。

実際に、企画が具体化したのは一昨年の冬であるが、その後、一冊の本としての統一感を保つために、大きく内容構成が変わることとなって、今年に入ってから、それに合わせた論考を書き下ろす形で本書が成立した。

それぞれの章の論考の成り立ちは、次のとおりである。

第一章　私たちは何と何の間を生きているのか　（書き下ろし）。

第二章　私たちは自分のしたいことをして構わないか　「〈信頼すること〉と〈共同すること〉」栗原隆・濱口哲編『大学における共通知のありか』（東北大学出版会、二〇〇五年）を基に大幅に改稿。

第三章　私たちが命を創り出すことは許されるのか　「ES細胞と生命倫理」（科学研究費補助金（基盤研究C（2））研究成果報告書『近代の価値観の再検討についての研究』二〇〇三年）を改稿。

第四章　私たちが他人に共感するのはどのようにしてか　「共感とケアの成り立ち」（科学研究費補助金（基盤研究C（2））研究成果報告書『近代の価値観の再検討についての研究』二〇〇三年）に加筆。

第五章　私たちの身体は自分のものか　「人間学――私たちの身体は自分のものか？」栗原隆編『人文学の生まれるところ』（東北大学出版会、二〇〇九年）を改題。

第六章　私たちは本当のことを語らなければならないのか　「倫理学――私たちは、本当のことを語らなければならないのか？」栗原隆編『人文学の生まれるところ』（前掲）を改題。

第七章　私たちは希少資源をどのように配分するべきか　「配分における正義と倫理」加藤尚武編『共生のリテラシー――環境の哲学と倫理』（東北大学出版会、二〇〇一年）を改稿。

第八章　私たちが〈もの〉を作り出すことができるのは　「モノつくりの倫理」栗原隆編『知の地平――大学におけるマルチリテラシーと応用倫理』（東北大学出版会、二〇〇三年）をさらに推敲。

第九章　私たちが自らの生を振り返ることができるのは　「生きられる空間、もしくは世間という体」栗原隆編『形と空間のなかの私』（東北大学出版会、二〇〇八年）を改題。

第十章　大人になるとはどういうことか　「見えないところまで見る眼差し――想像力としての知」栗原隆編『賢い大人になる50の方法』（新潟大学シチズンシップ・プロジェクト）を全面的に改稿。

第十一章　私たちは将来の世代に責任を負うか　「責務と合意――将来の世代に権利は認められるか」加藤尚武編『共生のリテラシー――環境の哲学と倫理』（東北大学出版会、二〇〇一年）を改稿。

それぞれの論考を振り返ってみると、結局、加藤先生の『現代倫理学入門』の巨大な掌から一歩も抜け出せていないことに気付かされ、そのご学恩の大きさに改めて、指導を受けた喜びで一杯になる。同書の中心思想だと読んだのは、一六〇頁、「利害を離れて正義を守ろうとする態度がまるでないと、正義から利益を引き出すことができない。正義は結果として利益をもたらすだろうが、それは正義が利益を離れたところから、発生することができるかぎりにおいてである」という把握である。これは、本書の、そして筆者の背骨ともなっている。

筆者の子どもたちはまだ幼く、彼らが反抗期を迎える前に、父親の倫理観をまとめておきたいという思いをかなえることができたのは、ひとえに津久井輝夫さんのお蔭である。丁寧な編集作業を施してくださったナカニシヤ出版の編集部の方々ともども、厚くお礼を申し述べたい。

「論語読みの論語知らず」に引っ掛けて、「倫理学を専門とする人間は倫理性に欠けている」などと恥知らずな言辞を弄しても来たが、本書を貫く「エゴイズム」や「自己決定権」に対する批判的な姿勢について振り返るに、あらためて、母親による躾に思い至る。還暦近くになりながらも、未だその躾を体現できない筆者自身に代わって、本書を、子育てにそして孫の世話に八十余年生きている母へ、感謝の証しとして捧げることを、読者諸賢にお許し願いたい。そしてここまでお読みくださったすべての方に心より感謝申し上げます。

二〇一〇年　盛夏

栗原　隆

タ・ナ　行

ハ・マ　行

ヤ・ラ　行

カ　行

サ　行

事項索引

シラー(Friedrich Schiller)　195–197, 204
スミス(Adam Smith)　100, 262, 263
セン(Amartya Sen)　53, 179, 180

タ　行

高橋亨　202
滝浦静雄　137
ターナー(Danielle Turner)　122
田中成明　287
谷田信一　140, 159
谷本光男　168
チルドレス(James F. Childress)　18, 146
ディドロ(Denis Diderot)　95, 221
ディルタイ(Wilhelm Christian Ludwig Dilthey)　26–31, 208, 222, 226–230, 232
デービス(Morton D. Davis)　40
ドゥーリー(Dolores Dooley)　17, 20, 146, 151–153
トムソン(James Thomson)　71
トムソン(Judith Jarvis Thomson)　23, 24

ナ　行

中辻憲夫　70, 76
中村雄二郎　89, 92–94
中山幹夫　39
橳島次郎　131
ノージック(Robert Nozick)　163, 171, 179, 180, 182

ハ　行

ハイデガー(Martin Heidegger)　186
パウンドストーン(William Poundstone)　42, 57
バークリー(George Berkeley)　95
ハーディン(Garrett Hardin)　175, 268, 269
パートリッジ(Ernest Partridge)　278, 280, 283
ハーバーマス(Jürgen Habermas)　253, 255
ハリス(John Harris)　63
ビーチャム(Tom L. Beauchamp)　18, 146
ヒューム(David Hume)　35, 36, 97–100, 262, 284
ファインバーグ(Joel Feinberg)　278
フィヒテ(Johann Gottlieb Fichte)　205, 248
深澤助雄　251
藤井貞和　201, 203
船木由喜彦　39
プレッチャー(Galen Pletcher)　280
ヘーゲル(Georg Wilhelm Friedrich Hegel)　125, 189, 195, 197, 204, 235, 247–250, 252, 287–290
ベルゼイ(Andrew Belsey)　154, 157, 159
ヘルダー(Johann Gottfried von Herder)　95, 221
ベルファイ(Catherine M. Verfaillie)　70
ボク(Sissela Bok)　151, 156, 157
ホッブス(Thomas Hobbes)　40, 246
ボードリヤール(Jean Baudrillard)　124, 125
ボルノー(Otto Friedrich Bollnow)　224

マ　行

マッカーシー(Joan McCarthy)　17, 20, 146, 151–153
マッキー(John L. Mackie)　42, 45

人名索引

著者略歴

栗原　隆（くりはら・たかし）

1951年　新潟県に生まれる。

1984年　神戸大学大学院文化学研究科博士課程修了。（学術博士）

現　在　新潟大学名誉教授・フェロー。（専攻／哲学・倫理学）

著　書　『ドイツ観念論からヘーゲルへ』（未來社，2011年），『ドイツ観念論の歴史意識とヘーゲル』（知泉書館，2006年），『ヘーゲル――生きてゆく力としての弁証法』〈シリーズ・哲学のエッセンス〉（日本放送出版協会，2004年），『新潟から考える環境倫理』（新潟日報事業社，2002年），『感情と表象の生まれるところ』〔編著〕（ナカニシヤ出版，2013年），『世界の感覚と生の気分』〔編著〕（ナカニシヤ出版，2012年），『共感と感応――人間学の新たな地平』〔編著〕（東北大学出版会，2011年），他。

現代を生きてゆくための倫理学

2010年 11月15日　初版第1刷発行
2020年 4月7日　初版第5刷発行

著　者　栗原　隆
発行者　中西健夫

発行所　株式会社 ナカニシヤ出版
〒606-8161　京都市左京区一乗寺木ノ本町15
TEL (075)723-0111
FAX (075)723-0095
http://www.nakanishiya.co.jp/

印刷・製本／シナノ書籍印刷

＊落丁本・乱丁本はお取り替え致します。

ISBN978-4-7795-0487-7　Printed in Japan

看護が直面する11のモラル・ジレンマ
小林亜津子
同僚のミスを告発すべきか、胎児の実験利用は認められるか、遺伝子改良は許されるか等、医療現場の難問に挑み、道標を示す。読者が自ら考える力を身に付けられる看護倫理学への入門書。
二四〇〇円十税

現代の倫理的問題
長友敬一
徳倫理・義務論・功利主義という西洋倫理思想を踏まえ、脳死臓器移植・ネットワーク倫理・エンハンスメントなど、応用倫理の定番のテーマから最新のテーマまで平易に解説する標準的入門書。
二六〇〇円十税

倫理空間への問い
馬渕浩二
現実を具体的に論じる応用倫理学の原点に返り、安楽死、エンハンスメント、環境、世代、海外援助、戦争、資本主義、自由主義という八つの主題に挑む応用倫理学の真髄。
二七〇〇円十税

倫理学の地図
篠澤和久・馬渕浩二 編
倫理学史と応用倫理学を組み合わせることで、「地図」として捉えた倫理学の世界を自在に巡る。古来からのテーマから、現代の問題まで平易に解説した、倫理学を基礎から学ぶのに最適の一冊。
二六〇〇円十税

＊表示は二〇二〇年四月現在の価格です。